U0405433

中华人民共和国行业推荐性标准

公路路基施工技术规范

Technical Specifications for Construction of Highway Subgrades

JTG/T 3610—2019

主编单位：中交第三公路工程局有限公司
批准部门：中华人民共和国交通运输部
实施日期：2019 年 12 月 01 日

人民交通出版社股份有限公司

图书在版编目（CIP）数据

公路路基施工技术规范：JTG/T 3610—2019 / 中交第三公路工程局有限公司主编. — 北京：人民交通出版社股份有限公司，2019.9

ISBN 978-7-114-15769-1

Ⅰ. ①公… Ⅱ. ①中… Ⅲ. ①公路路基—工程施工—技术规范 Ⅳ. ①U416.104-65

中国版本图书馆 CIP 数据核字（2019）第 173349 号

标准类型：中华人民共和国行业推荐性标准
标准名称：公路路基施工技术规范
标准编号：JTG/T 3610—2019
主编单位：中交第三公路工程局有限公司
责任编辑：丁 遥
责任校对：张 贺 龙 雪
责任印制：刘高彤
出版发行：人民交通出版社股份有限公司
地　　址：（100011）北京市朝阳区安定门外外馆斜街 3 号
网　　址：http://www.ccpress.com.cn
销售电话：（010）59757973
总 经 销：人民交通出版社股份有限公司发行部
经　　销：各地新华书店
印　　刷：北京市密东印刷有限公司
开　　本：880×1230 1/16
印　　张：9.25
字　　数：196 千
版　　次：2019 年 9 月 第 1 版
印　　次：2024 年 5 月 第 9 次印刷
书　　号：ISBN 978-7-114-15769-1
定　　价：80.00 元
（有印刷、装订质量问题的图书，由本公司负责调换）

中华人民共和国交通运输部

公　　告

第66号

交通运输部关于发布《公路路基施工技术规范》的公告

现发布《公路路基施工技术规范》（JTG/T 3610—2019），作为公路工程行业推荐性标准，自2019年12月1日起施行，原《公路路基施工技术规范》（JTG F10—2006）同时废止。

《公路路基施工技术规范》（JTG/T 3610—2019）的管理权和解释权归交通运输部，日常解释和管理工作由主编单位中交第三公路工程局有限公司负责。请各有关单位注意在实践中总结经验，及时将发现的问题和修改建议函告中交第三公路工程局有限公司，地址：北京市顺义区国门商务区鑫桥中路3号院3号楼，邮编：101399。

特此公告。

中华人民共和国交通运输部

2019年9月2日

交通运输部办公厅　　2019年9月4日印发

前　言

根据交通运输部办公厅《关于下达2013年度公路工程行业标准制修订项目计划的通知》(交公便字〔2013〕23号)的要求，由中交第三公路工程局有限公司承担《公路路基施工技术规范》(JTG F10—2006)的修订工作。

本规范修订的指导思想：突出安全、耐久、环保等要求，注重路基的稳定与路床强度，贯彻资源节约型、环境友好型的公路建设指导原则，合理利用各种路基填料，充分总结十余年来公路路基施工技术，积极吸收成熟可靠的新技术、新工艺、新材料、新设备，力求技术先进、指标合理、可操作性强，体现我国路基施工技术进步，并适度超前。

本规范的主要技术内容涵盖了从施工准备到验收的全部过程，分为11章：1 总则，2 术语和符号，3 施工准备，4 一般路基，5 路基排水工程，6 路基防护与支挡工程，7 特殊路基，8 冬期雨期路基施工，9 路基施工安全，10 路基施工环境保护，11 路基整修与验收。

本次修订的主要内容为：

(1) 把原第9章路基安全施工与环境保护拆分为第9章路基施工安全和第10章路基施工环境保护，将原第10章改为第11章；原第8章路基防护与支挡改为第6章，相应的原第6章、第7章改为第7章、第8章。

(2) 第4章完善了填石路堤的填料要求，补充了高路堤路基的地质状况核查、地基处理、防排水、沉降观测和自然稳定时间方面内容，将路床的填筑单列一节，补充完善陡坡路基稳定与沉降控制、泡沫轻质土路堤、煤矸石路堤、工业废渣路堤、路基拓宽改建施工、路基稳定性观测与评价。

(3) 第5章增加了边沟盖板的质量要求、钢波纹管在暗沟中的应用、防渗隔离层、排水垫层、排水隧洞等内容；完善渗沟的纵向坡率，渗水管的材料要求、加工工艺；补充中央分隔带排水的内容。

(4) 第6章补充完善了拱形、菱形护坡裙边和石榫连接的工艺、强度要求；完善了挡土墙、边坡锚固、抗滑桩等施工技术要求及质量检测方法、标准等内容。

(5) 第7章补充了灰土浅层改良路基施工的相关要求；在红黏土与高液限土地区路基施工中补充最大CBR强度、最大强度含水率等指标要求；补充了膨胀土路基填料的CBR、击实试验方法，膨胀等级的确认，膨胀土的适用范围、压实标准、碾压控制含水率，膨胀土边坡柔性支护、膨胀土路基施工等内容。

(6) 第11章增加了路基交接验收的内容。

本规范第1章、第2章由于跟社起草，第3章由刘元炜起草，第4章由刘利军、刘元炜、邓捷起草，第5章由钱绍锦起草，第6章由王学颖起草，第7章由刘元炜、吴立坚、滕小平、赵春发、戴晓栋、邓捷起草，第8章由刘元炜起草，第9章由王珏起草，第10章由刘鹏起草，第11章由刘元炜起草。

请各有关单位在执行过程中，将发现的问题和意见，函告本规范日常管理组，联系人：刘利军、李东勇（地址：北京市顺义区国门商务区鑫桥中路3号院3号楼，中交第三公路工程局有限公司，邮编：101399，电话：010-81403131，传真：010-81403400，电子邮箱：763088436@ qq. com），以便下次修订时参考。

主 编 单 位：中交第三公路工程局有限公司

参 编 单 位：交通运输部公路科学研究所
中交第二公路工程局有限公司
中国公路建设行业协会
北京市交通委员会路政局
浙江省交通建设工程监督管理局

主　　编：于跟社

主要参编人员：刘元炜　吴立坚　滕小平　钱绍锦　赵春发
王学颖　戴晓栋　王　珏　刘利军　刘　鹏
邓　捷

主　　审：周绪利

参与审查人员：王秉纲　吴万平　张留俊　梅世龙　梁军林
王晓谋　刘怡林　张军辉　王　昕

参 加 单 位：汇通路桥建设集团有限公司
浙江交工集团股份有限公司
广东盛瑞科技股份有限公司

参 加 人 员：原喜忠　张　峰　单光炎　陈忠平　赵　斌
李东勇　刘宇峰　赵敬勇　冯守中　宋常军

目　次

1　总则

1.0.1　为提高公路路基工程施工技术水平，保证工程质量与安全，制定本规范。

1.0.2　本规范适用于各等级新建和改扩建公路的路基施工。

1.0.3　公路路基应满足设计要求的强度、稳定性和耐久性。

1.0.4　公路路基施工，应遵守国家建设工程的有关法律法规，建立健全质量保证体系，明确质量责任，加强质量管理。

1.0.5　公路路基施工，应遵守国家安全生产的有关法律法规，建立健全安全生产管理体系，明确安全责任，制定安全技术措施，严格执行安全操作规程，保障施工人员的职业健康。

1.0.6　公路路基施工，应遵守国家环境保护的有关法律法规，节约用地，少占农田，减少污染，保护环境。完工后应按要求对取土坑和弃土场进行修整。

1.0.7　公路路基施工，应积极推广应用可靠的新技术、新工艺、新材料和新设备。

1.0.8　公路路基施工应推行标准化，提高规范化和精细化水平。

1.0.9　公路路基施工除应符合本规范的规定外，尚应符合国家和行业现行有关标准的规定。

2 术语和符号

2.1 术语

2.1.1 路基 subgrade

按路线位置和一定技术要求修筑的带状构造物，是路面的基础，承受由路面传来的行车荷载。

2.1.2 路床 roadbed

路面结构层以下 0.8m 或 1.20m 范围内的路基部分，分为上路床及下路床两层。上路床厚度 0.3m；下路床厚度在轻、中及重交通公路为 0.5m，特重、极重交通公路为 0.9m。

2.1.3 路堤 embankment

高于原地面的填方路基。路堤在结构上分为上路堤、下路堤，上路堤是指路床以下 0.7m 厚度范围的填方部分，下路堤是指上路堤以下的填方部分。

2.1.4 路堑 cutting

低于原地面的挖方路基。

2.1.5 高路堤 high embankment

路基填土最大边坡高度大于 20m 的路堤。

2.1.6 陡坡路堤 steep slope embankment

地面斜坡陡于 1:2.5 的路堤。

2.1.7 填石路堤 rock fill embankment

用粒径大于 40mm 且含量超过总质量 70% 的石料填筑的路堤。

2.1.8 土石路堤 earth-rock embankment

用石料含量占总质量 30% ~70% 的土石混合材料填筑的路堤。

2.1.9 深挖路堑 deep cutting

边坡高度超过20m的土质路堑或边坡高度超过30m的岩石路堑。

2.1.10 特殊路基 special subgrade

位于特殊土地段、不良地质地段，受水、气候等自然因素影响强烈的路基。

2.1.11 湿陷性黄土 collapsibility loess

在自重或一定压力下受水浸湿后，土体结构迅速破坏，并产生显著下沉现象的黄土。

2.1.12 红黏土 laterite

碳酸盐类岩石在温湿气候条件下经风化后形成的褐红色粉质土或黏质土。

2.1.13 高液限土 high liquid limit soil

液限大于50%的细粒土。

2.1.14 膨胀土 expansive soil

含亲水性矿物并具有明显的吸水膨胀与失水收缩特性的高塑性黏土。

2.1.15 盐渍土 saline soil

易溶盐含量大于规定值的土。

2.1.16 多年冻土 permafrost

冻结状态连续两年或两年以上的温度低于0℃且含冰的土。

2.1.17 泡沫轻质土 foamed mixture lightweight soil

采用物理方法将发泡剂制备成泡沫，再将泡沫按特定比例混入到搅拌均匀的由水泥浆料及外加剂或细集料组成的混合料浆中，浇注成型，养护固结而形成的一种含有大量均匀封闭微气孔的轻质固态材料。

2.1.18 土工塑料泡沫 expanded polystyrene，EPS

膨胀性聚苯乙烯泡沫塑料。

2.1.19 加州承载比 California bearing ratio，CBR

表征路基土、粒料、稳定土强度的一种指标，即标准试件在规定贯入量时所施加的试验荷载与标准碎石材料在相同贯入量时所施加的荷载之比值，以百分率表示。

2.1.20 最大加州承载比 maximum California bearing ratio，CBR_{max}

红黏土、高液限土、膨胀土等在击数一定时，当含水率低时，击实后的 CBR 值随着含水率的增加而增大；而当含水率达到某一值时，CBR 值达到最大值，含水率继续增加反而导致 CBR 的减小，这一击实功下的 CBR 最大值称为最大 CBR 值。

2.1.21 最大加州承载比含水率 maximum water content CBR

最大 CBR 值时相对应的土的含水率。

2.1.22 挡土墙 retaining wall

承受土体侧压力的墙式构造物。

2.1.23 抗滑桩 slide-resistant pile

抵抗滑坡下滑力或土压力的横向受力桩。

2.1.24 土钉 soil nailing

在土质或破碎软弱岩质边坡中设置钢筋钉，维持边坡稳定的支护结构。

2.1.25 预应力锚杆（索） prestressed anchor

由锚头、预应力筋、锚固体组成，通过对预应力筋施加张拉力以加固岩土体的支护结构。

2.1.26 柔性支护结构 flexible supporting structure

对路基边坡进行支护，限制路基边坡发生过大变形，允许结构出现一定的变形的一种路基支挡形式。

2.1.27 冲击碾压 impact roller compaction

采用冲击压路机对碾压面的压实，主要作用是提高被压对象的密实度与强度。

2.1.28 湿法试验 wet testing method

当土的含水率高于目标含水率时，将天然含水率状态下的土分成若干份，使其分别风干到不同的目标含水率，再进行相关试验的试验方法。

2.2 符号

CBR——加州承载比；

CBR_{max}——最大加州承载比；

E_0——路基回弹模量；

e_{ps}——膨胀土的胀缩总率；
I_p——土的塑性指数；
l_0——路基顶面实测代表弯沉；
w——土的天然含水率；
w_c——土的天然稠度；
w_{CBR}——土的最大 CBR 含水率；
w_l——土的液限；
w_0——土的压实最佳含水率；
w_p——土的塑限。

3 施工准备

3.1 一般规定

3.1.1 路基工程施工前应熟悉设计文件、领会设计意图。

3.1.2 应进行施工调查及现场核对，根据设计要求、合同条件及现场情况等编制施工组织设计。

3.1.3 路基开工前应建立健全质量、环境、职业健康安全管理体系，对各类施工人员进行岗位培训和技术、安全交底。

3.1.4 临时工程应满足正常施工需要，保证路基施工影响范围内原有道路、结构物的使用功能，保护农田水利设施等。临时工程宜与永久工程相结合。

3.1.5 对拟采用新技术、新工艺、新材料、新设备的工程项目，应提前做好试验研究和论证工作。

3.2 施工测量

3.2.1 应根据公路等级和测量精度要求，选择测量方法。控制性桩点，应进行现场交桩，在复测原控制网的基础上，根据施工需要适当加密、优化，建立施工测量控制网，妥善保护。

3.2.2 平面控制测量应符合下列规定：

1 平面控制测量应采用卫星定位测量、导线测量、三角测量或三边测量方法进行。

2 平面控制测量等级与技术要求应符合表 3.2.2-1 的规定。

表 3.2.2-1 平面控制测量等级与技术要求

公路等级	测量等级	最弱点点位中误差（mm）	最弱相邻点相对点位中误差（mm）	最弱相邻点边长相对中误差	相邻点间平均边长参照值（m）
高速、一级公路	一级	±50	±30	≤1/20 000	500
二、三、四级公路	二级	±50	±30	≤1/10 000	300

3　卫星定位测量的主要技术要求应符合表3.2.2-2的规定。

表3.2.2-2　卫星定位测量的主要技术要求

测量等级	固定误差 a（mm）	比例误差系数 b（mm/km）
一级	≤10	≤3
二级	≤10	≤5

4　导线测量的主要技术要求应符合表3.2.2-3的规定。

表3.2.2-3　导线测量的主要技术要求

测量等级	附（闭）合导线长度（km）	边数	每边测距中误差（mm）	单位权中误差（″）	导线全长相对闭合差	方位角闭合差（″）
一级	≤6	≤12	±14	±5.0	≤1/17 000	≤10 $\sqrt{n}$
二级	≤3.6	≤12	±11	±8.0	≤1/11 000	≤16 $\sqrt{n}$

注：1. 表中 n 为测站数。
2. 以测角中误差为单位权中误差。
3. 导线网节点间的长度不得大于表中长度的0.7倍。

5　三角测量的主要技术要求应符合表3.2.2-4的规定。

表3.2.2-4　三角测量的主要技术要求

测量等级	测角中误差（″）	起始边边长相对中误差	三角形闭合差（″）
一级	±5.0	≤1/40 000	≤15.0
二级	±10.0	≤1/20 000	≤30.0

6　三边测量的主要技术要求应符合表3.2.2-5的规定。

表3.2.2-5　三边测量的主要技术要求

测量等级	测距中误差（mm）	测距相对中误差
一级	±14.0	≤1/35 000
二级	±11.0	≤1/25 000

3.2.3　高程控制测量应符合下列规定：

1　高程控制测量应采用水准测量或三角高程测量的方法进行。

2　高程控制测量等级与技术要求应符合表3.2.3-1的规定。

表3.2.3-1　高程控制测量等级与技术要求

公路等级	测量等级	最弱点高程中误差（mm）	每公里高差中数中误差（mm）		附合或环线水准路线长度（km）
			偶然中误差 M_{Δ}	全中误差 M_{w}	
高速、一级公路	四等	±25	±5	±10	25
二、三、四级公路	五等	±25	±8	±16	10

3　水准测量的主要技术要求应符合表3.2.3-2的规定。

表3.2.3-2　水准测量的主要技术要求

测量等级	往返较差、附合或环形闭合差（mm）		检测已测测段高差之差（mm）
	平原、微丘	重丘、山岭	
四等	$\leqslant 20\sqrt{l}$	$\leqslant 6.0\sqrt{n}$或$\leqslant 25\sqrt{l}$	$\leqslant 30\sqrt{L_i}$
五等	$\leqslant 30\sqrt{l}$	$\leqslant 45\sqrt{l}$	$\leqslant 40\sqrt{L_i}$

注：计算往返较差时，l为水准点间的路线长度（km）；计算附合或环形闭合差时，l为附合或环形的路线长度（km）。n为测站数。L_i为检测测段长度（km），小于1km时按1km计算。

4　光电测距三角高程测量的主要技术要求应符合表3.2.3-3的规定。

表3.2.3-3　光电测距三角高程测量的主要技术要求

测量等级	测回内同向观测高差较差（mm）	同向测回间高差较差（mm）	对向观测高差较差（mm）	附合或环线闭合差（mm）
四等	$\leqslant 8\sqrt{D}$	$\leqslant 10\sqrt{D}$	$\leqslant 40\sqrt{D}$	$\leqslant 20\sqrt{\sum D}$
五等	$\leqslant 8\sqrt{D}$	$\leqslant 15\sqrt{D}$	$\leqslant 60\sqrt{D}$	$\leqslant 30\sqrt{\sum D}$

注：D为测距边长度（km）。

3.2.4　路基施工与隧道、桥梁施工共用的控制点，尚应符合现行《公路隧道施工技术规范》（JTG F60）、《公路桥涵施工技术规范》（JTG/T F50）的有关规定。

3.2.5　施工期间，应保护好所有控制桩点，及时恢复被破坏的桩点，根据情况对控制桩点进行复测。

3.2.6　导线复测应符合下列规定：

1　导线测量精度应符合表3.2.2-3的规定。

2　原有导线点不能满足施工需要时，应增设满足相应精度要求的附合导线点。

3　同一建设项目内相邻施工段的导线应闭合，并满足同等级精度要求。

4　可能受施工影响的导线点，施工前应加固或改移，并应保持其精度。

5　导线桩点应进行不定期检查和定期复测，复测周期应不超过6个月。

3.2.7　水准点复测与加密应符合下列规定：

1　水准点精度应符合表3.2.3-2的规定。

2　同一建设项目应采用同一高程系统，并应与相邻项目高程系统相衔接。

3　沿路线每500m宜有一个水准点，高速公路、一级公路宜加密，每200m有一个水准点。在结构物附近、高填深挖路段、工程量集中及地形复杂路段，宜增设水准点。临时水准点应符合相应等级的精度要求，并与相邻水准点闭合。

4　对可能受施工影响的水准点，施工前应加固或改移，并应保持其精度。

5　水准点应进行不定期检查和定期复测，复测周期应不超过6个月。

3.2.8 中线放样应符合下列规定：

1 路基开工前，应进行全段中线放样并应固定路线主要控制桩，宜采用坐标法进行测量放样。

2 中线放样时，应注意路线中线与结构物中心、相邻施工段的中线闭合，发现问题应及时查明原因，进行处理。

3 实际放样与设计图纸不符时，应查明原因后进行处理。

3.2.9 路基放样应符合下列规定：

1 施工前应对原地面进行复测，核对或补充横断面。

2 施工前应设置标识桩，将路基用地界、路堤坡脚、路堑坡顶、取土坑、护坡道、弃土堆等的具体位置标识清楚。

3 深挖高填路段，每挖填一个边坡平台或者3～5m，应复测中线和横断面。

3.2.10 每项测量成果应进行复核，原始记录应存档。

3.2.11 路基施工测量除应符合本规范的规定外，尚应符合现行《公路勘测规范》（JTG C10）的有关规定。

3.3 试验

3.3.1 路基施工前，应建立具备相应试验检测能力的工地试验室。

3.3.2 路基填前碾压前，应对路基基底原状土进行取样试验。每公里应至少取2个点，并应根据土质变化增加取样点数。

3.3.3 应及时对拟作为路堤填料的材料进行取样试验。土的试验项目应包括天然含水率、液限、塑限、颗粒分析、击实、CBR等，必要时还应做相对密度、有机质含量、易溶盐含量、冻胀和膨胀量等试验。

条文说明

条文中仅规定了一般填料的试验项目，对特殊土（如黄土、软土、盐渍土、红黏土、高液限黏土和膨胀土等），还要进行相关试验以确定其性质及处置方案。

3.3.4 使用特殊材料作为填料时，应按相关标准进行相应试验检验，经批准后方可使用。

3.4 地表处理

3.4.1 地基表层碾压处理压实度控制标准为：二级及二级以上公路一般土质应不小于90%；三、四级公路应不小于85%。低路堤应对地基表层土进行超挖、分层回填压实，其处理深度应不小于路床厚度。

3.4.2 原地面坑、洞、穴等，应在清除沉积物后，用合格填料分层回填、分层压实，压实度应符合本规范第3.4.1条的规定。对可能存在空洞隐患的，应结合具体情况采取相应的处置措施。

3.4.3 泉眼或露头地下水，应按设计要求采取有效导排措施，将地下水引离后方可填筑路堤。

3.4.4 地基为耕地、松散土质、水稻田、湖塘、软土、过湿土等时，应按设计要求进行处理，局部软弹的部分应采取有效的处理措施。

3.4.5 陡坡地段、填挖结合部、土石混合地段、高填方地段地基等应按设计要求进行处理。

3.4.6 地下水位较高时，应按设计要求进行处理。

3.4.7 特殊地段路基应先核对地勘资料，确定设计资料与实际的符合性、处理方法的适用性，必要时重新补勘地质、水文资料，根据结果重新确定处理方案。

3.5 试验路段

3.5.1 下列情况应进行试验路段施工：

1 二级及二级以上公路路堤；
2 填石路堤、土石路堤；
3 特殊填料路堤；
4 特殊路基；
5 拟采用新技术、新工艺、新材料、新设备的路基。

条文说明

3 特殊填料是指具有与一般土质不同工程特性的填料，如煤矸石、泡沫轻质土等。

3.5.2 试验路段应选择地质条件、路基断面形式等具有代表性的地段，长度宜不小于200m。

3.5.3 试验路段施工总结宜包括下列内容：

1 填料试验、检测报告等；

2 压实工艺主要参数：机械组合、压实机械规格、松铺厚度、碾压遍数、碾压速度、最佳含水率及碾压时含水率范围等；

3 过程工艺控制方法；

4 质量控制标准；

5 施工组织方案及工艺的优化；

6 原始记录、过程记录；

7 对施工图的修改建议等；

8 安全保证措施；

9 环保措施。

条文说明

试验路段施工总结报告内容根据实际需要适当增减，但要全面、真实地反映试验情况，为后续施工提供依据。

4　一般路基

4.1　一般规定

4.1.1　路基填料应符合下列规定：

1　宜选用级配好的砾类土、砂类土等粗粒土作为填料。

2　含草皮、生活垃圾、树根、腐殖质的土严禁作为填料。

3　泥炭土、淤泥、冻土、强膨胀土、有机质土及易溶盐超过允许含量的土等，不得直接用于填筑路基；确需使用时，应采取技术措施进行处理，经检验满足要求后方可使用。

4　粉质土不宜直接用于填筑二级及二级以上公路的路床，不得直接用于填筑冰冻地区的路床及浸水部分的路堤。

条文说明

4　粉质土毛细作用明显，冻胀量大，其力学性能受含水率影响明显，因此不宜直接用于二级及二级以上公路的路床，也不得直接用于冰冻地区的路床和路堤浸水部分。

4.1.2　路基填料最小承载比和最大粒径应符合表4.1.2的规定。

表4.1.2　路基填料最小承载比和最大粒径要求

<table>
<tr><th colspan="4" rowspan="2">填料应用部位（路面底面以下深度）
（m）</th><th colspan="3">填料最小承载比 CBR（%）</th><th rowspan="2">填料最大粒径
（mm）</th></tr>
<tr><th>高速、一级公路</th><th>二级公路</th><th>三、四级公路</th></tr>
<tr><td rowspan="7">填方路基</td><td colspan="2">上路床</td><td>0～0.30</td><td>8</td><td>6</td><td>5</td><td>100</td></tr>
<tr><td rowspan="2">下路床</td><td>轻、中及重交通</td><td>0.30～0.80</td><td rowspan="2">5</td><td rowspan="2">4</td><td rowspan="2">3</td><td rowspan="2">100</td></tr>
<tr><td>特重、极重交通</td><td>0.30～1.20</td></tr>
<tr><td rowspan="2">上路堤</td><td>轻、中及重交通</td><td>0.8～1.5</td><td rowspan="2">4</td><td rowspan="2">3</td><td rowspan="2">3</td><td rowspan="2">150</td></tr>
<tr><td>特重、极重交通</td><td>1.2～1.9</td></tr>
<tr><td rowspan="2">下路堤</td><td>轻、中及重交通</td><td>>1.5</td><td rowspan="2">3</td><td rowspan="2">2</td><td rowspan="2">2</td><td rowspan="2">150</td></tr>
<tr><td>特重、极重交通</td><td>>1.9</td></tr>
<tr><td rowspan="3">零填及挖方路基</td><td colspan="2">上路床</td><td>0～0.30</td><td>8</td><td>6</td><td>5</td><td>100</td></tr>
<tr><td rowspan="2">下路床</td><td>轻、中及重交通</td><td>0.30～0.80</td><td rowspan="2">5</td><td rowspan="2">4</td><td rowspan="2">3</td><td rowspan="2">100</td></tr>
<tr><td>特重、极重交通</td><td>0.30～1.20</td></tr>
</table>

注：1. 表列承载比是根据路基不同填筑部位压实标准的要求，按现行《公路土工试验规程》（JTG E40）试验方法规定浸水96h确定的CBR。

2. 三、四级公路铺筑沥青混凝土和水泥混凝土路面时，应采用二级公路的规定。

3. 表中上、下路堤填料最大粒径150mm的规定不适用于填石路堤和土石路堤。

4.2 路床

4.2.1 路床填料应符合下列规定：

1 路床填料应符合表4.1.2的规定。

2 高速公路、一级公路路床填料宜采用砂砾、碎石等水稳性好的粗粒料，也可采用级配好的碎石土、砾石土等；粗粒料缺乏时，可采用无机结合料改良细粒土。

4.2.2 零填、挖方路段的路床施工应符合下列规定：

1 路床范围原状土符合要求的，可直接进行成形施工。

2 路床范围为过湿土时应进行换填处理，设计有规定时按设计厚度换填，设计未规定时按以下要求换填：高速公路、一级公路换填厚度宜为0.8~1.2m，若过湿土的总厚度小于1.5m，则宜全部换填；二级公路的换填厚度宜为0.5~0.8m。

3 高速公路、一级公路路床范围为崩解性岩石或强风化软岩时应进行换填处理，设计有规定时按设计厚度换填，设计未规定时换填厚度宜为0.3~0.5m。

条文说明

零填、挖方路段的路床为过湿土、崩解性岩石或强风化软岩时，路床的性能在外界环境的影响下将发生明显的衰减，对路面性能影响大，因此条文建议进行换填处理。换填厚度在0.8m时，其弯沉值不一定满足要求，有时需换填1.2m左右。软弱土层的厚度小于1.5m时，条文要求全部换填，这主要是因为这部分土层一般位于岩土结合面，含水率很高，强度很低，若换填不彻底，则可能以软弱夹层的形式存在，不利于路面结构层的应力分散。

4.2.3 路床填筑，每层最大压实厚度宜不大于300mm，顶面最后一层压实厚度应不小于100mm。

4.3 挖方路基

4.3.1 土方开挖应符合下列规定：

1 应自上而下逐级进行，严禁掏底开挖。

2 开挖至边坡线前，应预留一定宽度，预留的宽度应保证刷坡过程中设计边坡线外的土层不受到扰动。

3 拟用作路基填料的土方，应分类开挖、分类使用。非适用材料作为弃方时，应按本规范第4.15.2条的规定处理。

4 开挖至零填、路堑路床部分后，应及时进行路床施工；如不能及时进行，宜在设计路床顶高程以上预留至少300mm厚的保护层。

5 应采取临时排水措施，施工作业面不得积水。

4.3.2 土方开挖遇到地下水时，应按下列规定处理：

1 应采取排导措施，将水引入路基排水系统，不得随意堵塞泉眼。

2 路床土含水率高或为含水层时，应采取设置渗沟、换填、改良土质等处理措施。路床填料除应符合表4.1.2的规定外，还应具有好的透水性和水稳性。

4.3.3 石方开挖施工应符合下列规定：

1 应根据岩石的类别、风化程度、岩层产状、岩体断裂构造、施工环境等因素确定开挖方案。

2 应逐级开挖，逐级按设计要求进行防护。

3 施工过程中，每挖深3～5m应进行边坡边线和坡率的复测。

4 爆破作业应符合现行《爆破安全规程》（GB 6722）的有关规定。

5 严禁采用峒室爆破，靠近边坡部位的硬质岩应采用光面爆破或预裂爆破。

6 爆破法开挖石方，应先查明空中缆线、地下管线的位置，开挖边界线外可能受爆破影响的建筑物结构类型、居民居住情况等，对不能满足安全距离的石方宜采用化学静态爆破或机械开挖。

7 边坡应逐级进行整修，同时清除危石及松动石块。

4.3.4 石质路床清理应符合下列规定：

1 欠挖部分应予凿除，超挖部分应采用强度高的砂砾、碎石进行找平处理，不得采用细粒土找平。

2 路床底面有地下水时，可设置渗沟进行排导，渗沟应采用硬质碎石回填。

3 路床的边沟应与路床同步施工。

4.3.5 深挖路堑施工应符合下列规定：

1 应根据地形特征设置边坡观测点，施工过程中应对深挖路堑的稳定性进行监测。

2 施工过程中，应核查地质情况，如与设计不符应及时反馈处理。

3 每挖深3～5m应复测一次边坡。

4.4 填土路堤

4.4.1 填筑应符合下列规定：

1 性质不同的填料，应水平分层、分段填筑，分层压实。同一层路基应采用同一种填料，不得混合填筑。每种填料的填筑层压实后的连续厚度宜不小于500mm。路基上部宜采用水稳性好或冻胀敏感性小的填料。有地下水的路段或浸水路堤，应填筑水稳性好的填料。

2　在透水性差的压实层上填筑透水性好的填料前，应在其表面设2%～4%的双向横坡，并采取相应的防水措施。不得在透水性好的填料所填筑的路堤边坡上覆盖透水性差的填料。

3　每种填料的松铺厚度应通过试验确定。

4　每一填筑层压实后的宽度不得小于设计宽度。

5　路堤填筑时，应从最低处起分层填筑，逐层压实。

6　填方分几个作业段施工时，接头部位如不能交替填筑，先填路段应按1:1～1:2坡度分层留台阶；如能交替填筑，应分层相互交替搭接，搭接长度应不小于2m。

4.4.2　湿黏土路堤施工应符合下列规定：

1　应按设计要求对基底湿黏土层进行处理。

2　湿黏土填料宜采用石灰进行改良，石灰宜采用消石灰或磨细生石灰粉。石灰粒径应不大于20mm，质量宜符合三级及三级以上标准。

3　施工前应取现场有代表性的土做石灰掺配试验，确定石灰用量。

4　灰土拌和可采用路拌法，翻拌后填料的块状粒径超过15mm的含量宜小于15%，填筑层厚度宜不超过200mm。

5　改良后的湿黏土路堤质量应采用灰剂量与压实度两个指标控制，灰剂量应不低于设计掺量，压实度应符合表4.4.3的规定。应采用设计灰剂量的击实试验确定最大干密度。

4.4.3　土质路基压实度应符合表4.4.3的规定。

表4.4.3　土质路基压实度标准

填筑部位（路面底面以下深度）(m)				压实度(%)		
				高速、一级公路	二级公路	三、四级公路
填方路基	上路床		0～0.30	≥96	≥95	≥94
	下路床	轻、中及重交通	0.30～0.80	≥96	≥95	≥94
		特重、极重交通	0.30～1.20			—
	上路堤	轻、中及重交通	0.8～1.5	≥94	≥94	≥93
		特重、极重交通	1.2～1.9			—
	下路堤	轻、中及重交通	>1.5	≥93	≥92	≥90
		特重、极重交通	>1.9			
零填及挖方路基	上路床		0～0.30	≥96	≥95	≥94
	下路床	轻、中及重交通	0.30～0.80	≥96	≥95	—
		特重、极重交通	0.30～1.20			

注：1. 表列压实度以现行《公路土工试验规程》(JTG E40)重型击实试验法为准。
2. 三、四级公路铺筑水泥混凝土路面或沥青混凝土路面时，其压实度应采用二级公路的规定值。
3. 路堤采用特殊填料或处于特殊气候地区时，压实度标准在保证路基强度要求的前提下根据试验路段和当地工程经验确定。
4. 特殊干旱地区的压实度标准可降低2～3个百分点。

4.4.4 填土路堤施工过程质量控制应符合下列规定：

1 施工过程中，每一压实层均应进行压实度检测，检测频率为每 1 000m^2 不少于 2 点。压实度检测可采用灌砂法、环刀法等方法，检测应符合现行《公路路基路面现场测试规程》的有关规定。

2 施工过程中，每填筑 2m 宜检测路线中线和宽度。

4.4.5 路堤填筑至设计高程并整修完成后，其施工质量应符合表 4.4.5 的规定。

表 4.4.5 土质路堤、土石路堤施工质量标准

项次	检查项目	规定值或允许偏差			检查方法和频率
		高速、一级公路	二级公路	三、四级公路	
1	压实度	符合表 4.4.3 规定	符合表 4.4.3 规定	符合表 4.4.3 规定	密度法：每 200m 每压实层测 2 处
2	弯沉（0.01mm）	满足设计要求	满足设计要求	满足设计要求	—
3	纵断高程（mm）	+10，-15	+10，-20	+10，-20	水准仪：每 200m 测 2 点
4	中线偏位（mm）	50	100	100	全站仪：每 200m 测 2 点，弯道加 HY、YH 两点
5	宽度（mm）	≥设计值	≥设计值	≥设计值	尺量：每 200m 测 4 处
6	平整度（mm）	≤15	≤20	≤20	3m 直尺：每 200m 测 2 处×5 尺
7	横坡（%）	±0.3	±0.5	±0.5	水准仪：每 200m 测 2 个断面
8	边坡坡度	满足设计要求	满足设计要求	满足设计要求	每 200m 测 4 点

4.5 填石路堤

4.5.1 填料应符合下列规定：

1 硬质岩石、中硬岩石可用于路堤和路床填筑；软质岩石可用于路堤填筑，不得用于路床填筑；膨胀岩石、易溶性岩石和盐化岩石不得用于路基填筑。

2 路基的浸水部位，应采用稳定性好、不易膨胀崩解的石料填筑。

3 路堤填料粒径应不大于 500mm，并宜不超过层厚的 2/3。路床底面以下 400mm 范围内，填料最大粒径不得大于 150mm，其中小于 5mm 的细料含量应不小于 30%。

条文说明

填石料可根据石料的饱和抗压强度指标参照表 4-1 进行分类。

表4-1 岩石分类表

岩石类型	单轴饱和抗压强度（MPa）	代表性岩石
硬质岩石	≥60	花岗岩、闪长岩、玄武岩等岩浆岩类
中硬岩石	30~60	硅质、铁质胶结的砾岩及砂岩、石灰岩、白云岩等沉积岩类； 片麻岩、石英岩、大理岩、板岩、片岩等变质岩类
软质岩石	5~30	凝灰岩等喷出岩类； 泥砾岩、泥质砂岩、泥质页岩、泥岩等沉积岩类； 云母片岩或千枚岩等变质岩类

4.5.2 填筑应符合下列规定：

1 填石路堤应分层填筑压实。在陡峻山坡地段施工特别困难时，三级及三级以下砂石路面公路的下路堤可采用倾填方式填筑。

2 岩性相差大的填料应分层或分段填筑，软质石料与硬质石料不得混合使用。

3 填石路堤顶面与细粒土填土层之间应填筑过渡层或铺设无纺土工布隔离层。

4 压实机械宜选用自重不小于18t的振动压路机。

5 填石路堤采用强夯、冲击压路机进行补压时，应避免对附近构造物造成影响。

4.5.3 中硬、硬质石料填筑路堤时，应进行边坡码砌。码砌防护的石料强度、尺寸应满足设计要求。边坡码砌与路基填筑应基本同步进行。

4.5.4 采用易风化岩石或软质岩石石料填筑时，应按设计要求采取边坡封闭和底部设置排水垫层、顶部设置防渗层等措施。

4.5.5 填石路堤压实质量标准应符合表4.5.5的规定。

表4.5.5 填石路堤压实质量标准

分区	路床顶面以下深度（m）	硬质石料孔隙率（%）	中硬石料孔隙率（%）	软质石料孔隙率（%）
上路堤	0.80~1.50	≤23	≤22	≤20
下路堤	>1.50	≤25	≤24	≤22

4.5.6 施工过程质量控制应符合下列规定：

1 施工过程中每一压实层，应采用试验路段确定的工艺流程、工艺参数控制，压实质量可采用沉降差指标进行检测。

2 施工过程中，每填高3m宜检测路基中线和宽度。

4.5.7 填石路堤填筑至设计高程并整修完成后，其施工质量应符合表4.5.7的规定。

表 4.5.7 填石路堤施工质量标准

项次	检查项目		规定值或允许偏差		检查方法和频率
			高速、一级公路	其他公路	
1	压实		孔隙率满足设计要求		密度法：每200m每压实层测1处
			沉降差≤试验路段确定的沉降差		精密水准仪：每50m测1个断面，每个断面测5点
2	纵断高程（mm）		+10，-20	+10，-30	水准仪：每200m测2点
3	弯沉（0.01mm）		满足设计要求		—
4	中线偏位（mm）		≤50	≤100	全站仪：每200m测2点，弯道加HY、YH两点
5	宽度（mm）		满足设计要求		尺量：每200m测4处
6	平整度（mm）		≤20	≤30	3m直尺：每200m测2处×5尺
7	横坡（%）		±0.3	±0.5	水准仪：每200m测2个断面
8	边坡	坡度	满足设计要求		尺量：每200m测4点
		平顺度	满足设计要求		

4.5.8 成形后的外观质量标准应符合下列规定：

1 路堤表面应无明显孔洞。

2 大粒径石料应不松动。

3 边坡码砌紧贴、密实无松动，砌块间承接面向内倾斜，坡面平顺。

4 路基边线与边坡不应出现单向累计长度超过50m的弯折。

5 上边坡不得有危石。

4.6 土石路堤

4.6.1 填料应符合下列规定：

1 膨胀岩石、易溶性岩石等不宜直接用于路基填筑，崩解性岩石和盐化岩石等不得用于路基填筑。

2 天然土石混合填料中，中硬、硬质石料的最大粒径不得大于压实层厚的2/3；石料为强风化石料或软质石料时，其CBR值应符合表4.1.2的规定，石料最大粒径不得大于压实层厚。

条文说明

2 中硬、硬质石料的粒径过大，在碾压时易造成压路机碾压轮的架空，不利于中间土的压实，因此规定中硬、硬质石料的最大粒径不得超过压实层厚的2/3。

4.6.2 填筑应符合下列规定：

1 压实机械宜选用自重不小于18t的振动压路机。

2 应分层填筑压实，不得倾填。

3 应使大粒径石料均匀分散在填料中，石料间孔隙应填充小粒径石料和土。

4 土石混合料来自不同料场，其岩性或土石比例相差大时，宜分层或分段填筑。

5 填料由土石混合材料变化为其他填料时，土石混合材料最后一层的压实厚度应小于300mm，该层填料最大粒径宜小于150mm，压实后表面应无孔洞。

6 中硬、硬质石料填筑土石路堤时，宜进行边坡码砌，码砌与路堤填筑宜同步进行，软质石料土石路堤的边坡按土质路堤边坡处理。

7 采用强夯、冲击压路机进行补压时，应避免对附近构造物造成影响。

4.6.3 施工过程质量控制应符合下列规定：

1 中硬及硬质岩石的土石路堤填筑施工过程中每一压实层，应采用试验路段确定的工艺流程、工艺参数，压实质量可采用沉降差指标进行检测。

2 软质石料的土石路堤填筑质量标准应符合本规范第4.4.3条的规定。

3 施工过程中，每填筑3m高宜检测路线中线和宽度。

4.6.4 路基成形后质量应符合表4.4.5的规定。

4.6.5 外观质量标准应符合下列规定：

1 路基表面无明显孔洞。

2 大粒径填石应不松动。

3 中硬、硬质石料土石路基边坡应码砌紧贴、密实无松动，砌块间承接面应向内倾斜，坡面平顺。

4.7 高路堤与陡坡路堤

4.7.1 高路堤段应优先安排施工，宜预留1个雨季或6个月以上的沉降期。

条文说明

观测结果表明，高路堤沉降量与降雨量密切相关，高路堤第一个雨季的沉降量约占总沉降量的一半。因此，合理进行路基的施工安排，使高路堤在路面铺筑前经过1个雨季或6个月的自然沉降期。

4.7.2 高路堤宜采用强度高、水稳性好的材料。路堤浸水部分应采用水稳性和透水性好的材料。

4.7.3 高路堤施工中应按设计要求预留高度与宽度，并进行动态监控。

4.7.4 高路堤宜每填筑2m冲击补压一次，或每填筑4～6m强夯补压一次。

4.7.5 高路堤填筑过程中应进行沉降和稳定性观测。

4.7.6 在不良地质路段的高路堤与陡坡路堤填筑，应控制填筑速率，并进行地表水平位移监测，必要时应进行地下土体分层水平位移监测。

条文说明

在一些不良地质路段，高路堤的整体失稳与填筑速率有关。控制填筑速率可延长地基固结时间，有效提高路基的整体稳定性。

4.8 台背与墙背填筑

4.8.1 填料宜采用透水性材料、轻质材料、无机结合料稳定材料等，崩解性岩石、膨胀土不得用于台背与墙背填筑。

4.8.2 台背与墙背填筑施工应符合下列规定：

1 二级及二级以上公路应按设计做好过渡段，过渡段路堤压实度应不小于96%；二级以下公路的路堤与回填的联结部，应预留台阶。

2 台背和锥坡的回填宜同步进行。

3 台背与墙背1.0m范围内回填宜采用小型夯实机具压实。

4 分层压实厚度宜不大于150mm，填料粒径宜小于100mm，涵洞两侧回填填料粒径宜小于50mm，压实度应不小于96%。

5 部位狭窄时，可采用低强度等级混凝土、浆砌片石等材料回填。

6 涵洞两侧应对称分层回填压实。

7 回填部分的路床宜与路堤路床同步填筑。

8 台背与墙背回填，应在结构物强度达到设计强度的75%以上时进行。

条文说明

桥台、涵洞及挡土墙等结构物背部的回填作业面小，压实困难。该处路基是结构物完成后再填筑，加之是路基与结构物的刚柔结合部，易产生跳车等病害。因此，对此处路基的填料与施工工艺提出相关特殊要求。

4.9 粉煤灰路堤

4.9.1 粉煤灰可用于各级公路路堤填筑，不得用于高速公路、一级公路的路床和二级公路的上路床。

4.9.2 用于路基填筑的粉煤灰的烧失量应不大于20%，SO_3含量宜不大于3%，粉煤灰中不得含团块、腐殖质及其他杂质。

4.9.3 储运粉煤灰应符合下列规定：

1 调节粉煤灰含水率宜在储灰场或灰池中进行。

2 粉煤灰的装卸、运输和堆放，应采取洒水封盖等防止扬尘的措施。

3 粉煤灰填料宜从厂家或渣场直接运输至施工作业面使用。

4.9.4 粉煤灰路堤填筑应符合下列规定：

1 大风或气温低于0℃时不宜施工。

2 有显著差别的灰源应分别堆放，分段填筑。

3 路堤高度超过4m时，可在路堤中部设置土质夹层。

4 粉煤灰路堤应进行包边防护，包边土应与粉煤灰同步施工，宽度宜不小于2m。

5 施工过程中，作业面应及时洒水润湿，并应合理设置行车便道。

6 施工间歇期，作业面应洒水润湿，并应封闭交通；间隙期长时，应在粉煤灰压实层顶面覆盖封闭土层。

4.9.5 粉煤灰路堤压实度标准应通过试验路段确定，并应符合表4.9.5的规定。包边土和顶面封层土的压实度应符合表4.4.3的规定。粉煤灰路堤压实度可采用填上层检下层的方式进行检测。

表4.9.5 粉煤灰路堤压实度标准

填料应用部位	压实度（%）	
	高速、一级公路	二级及二级以下公路
下路床	—	≥92
上路堤	≥92	≥90
下路堤	≥90	≥88

注：表列压实度以现行《公路土工试验规程》（JTG E40）重型击实试验法为准。

条文说明

由于粉煤灰压实层易松散，本层压实度检测结果不准确，因此采用填上层检下层的方法。

粉煤灰的压实度离散性大，现场实测压实度从82%到93%均有可能，因此压实标准应通过现场试验路段确定。

4.10 土工泡沫塑料路堤

4.10.1 土工泡沫塑料可用于软土地基上路堤、桥涵与挡土墙构造物台背路堤、拓宽路堤和修复失稳路堤等。

4.10.2 土工泡沫材料密度宜不小于20kg/m³，10%应变的抗压强度宜不小于110kPa，抗弯强度宜不小于150kPa，压缩模量宜不小于3.5MPa，7d体积吸水率宜不大于1.5%。

4.10.3 土工泡沫塑料块体在工地堆放时，应采取防火、防风、防鼠、防雨水滞留、防有机溶剂及石油类油剂的侵蚀等保护措施，并应采取措施避免阳光直接照射。

4.10.4 土工泡沫塑料块体铺筑应符合下列规定：

1 铺筑前应对材料进行检测。

2 非标准尺寸土工泡沫塑料块体宜在生产车间加工。现场加工时，宜用电热丝进行切割。

3 铺筑前应设置垫层，垫层宽度宜超过路基边缘0.5～1.0m，垫层顶面应保持干燥。

4 最底层块体与垫层之间、同一层块体侧面联结、不同层块体之间的联结应牢固，联结件应进行防锈处理。

5 应逐层错缝铺设，缝隙或高差可用砂或无收缩水泥砂浆找平。

6 严禁重型机械直接在土工泡沫塑料块体上行驶。

7 与其他填料路堤或旧路基的接头处，土工泡沫塑料块体应呈台阶铺设，台阶宽度与坡度应满足设计要求。

8 顶面的钢筋混凝土薄板、土工膜或土工织物等，应覆盖全部土工泡沫塑料块体，并向土质护坡延伸0.5～1.0m。

9 土工泡沫塑料路堤两边应进行土质包边，包边法向厚度应不小于0.25m，并应分层夯实，防渗土工膜宜分级回包。

4.10.5 土工泡沫塑料路堤质量应符合表4.10.5的规定。

表 4.10.5　土工泡沫塑料路堤质量标准

项次	检查项目		允许偏差	检查方法和频率
1	土工泡沫塑料块体尺寸	长度	1/100	尺量，抽样频率：<2 000m³ 抽检 2 块，2 000～5 000m³ 抽检 3 块，5 000～10 000m³ 抽检 4 块，≥10 000m³ 每 2 000m³ 抽检 1 块
		宽度	1/100	
		厚度	1/100	
2	土工泡沫塑料块体密度		≥设计值	天平，抽样频率同项次 1
3	基底压实度		≥设计值	环刀法或灌砂法，每 1 000m² 检测 2 点
4	垫层平整度（mm）		10	3m 直尺，每 20m 测 3 点
5	土工泡沫塑料块体之间平整度（mm）		20	3m 直尺，每 20m 测 3 点
6	土工泡沫塑料块体之间缝隙、错台（mm）		10	尺量，每 20m 测 1 点
7	土工泡沫塑料块体路堤顶面横坡（%）		±0.5	水准仪，每 20m 测 6 点
8	护坡宽度		≥设计值	尺量，每 40m 测 1 点
9	钢筋混凝土板厚度（mm）		+10，-5	尺量，量板边，每块 2 点
10	钢筋混凝土板宽度（mm）		±20	尺量，每 100m 测 2 点
11	钢筋混凝土板强度（MPa）		满足设计要求	按《公路工程质量检验评定标准 第一册 土建工程》（JTG F80/1—2017）附录 D 检查
12	钢筋网孔间距（mm）		±10	尺量

注：路线曲线部分的土工泡沫塑料块体缝隙不得大于 50mm。

4.11　泡沫轻质土路堤

4.11.1　用于公路路基的泡沫轻质土的无侧限抗压强度应满足设计要求，设计未规定时应符合表 4.11.1 的规定。

表 4.11.1　泡沫轻质土无侧限抗压强度

路基部位		无侧限抗压强度（MPa）	
		高速、一级公路	二级及二级以下公路
路床	轻、中及重交通	≥0.8	≥0.6
	特重、极重交通	≥1.0	
上路堤、下路堤		≥0.6	≥0.5
地基置换		>0.4	

注：无侧限抗压强度为龄期 28d、边长 100mm 的立方体抗压强度。

4.11.2　泡沫轻质土施工湿重度应符合设计要求，设计未规定时泡沫轻质土施工最小湿重度应不小于 5.0kN/m³，施工最大湿重度宜不大于 11.0kN/m³。

4.11.3 泡沫轻质土施工流动度宜为170～190mm。特重、极重交通高速公路及一级公路路床部位的泡沫轻质土配合比宜采用掺砂配合比，流动度宜为150～170mm，且砂与水泥的质量比宜控制在0.5～2.0。

4.11.4 泡沫轻质土的原材料应符合下列规定：

1 水泥应符合现行《通用硅酸盐水泥》（GB 175）的规定，其强度等级宜为42.5级。

2 用水应符合现行《混凝土用水标准》（JGJ 63）的规定，且温度应不低于5℃。

3 泡沫剂应符合现行《泡沫混凝土用泡沫剂》（JC/T 2199）的规定。

4 外加剂、掺合料应满足相关规范要求，使用前应进行效果试验，确认对泡沫轻质土无不良影响。

条文说明

泡沫轻质土的名称是国内翻译后的叫法，国外的相关名称为foam cement banking。国内也有一些其他叫法，如气泡混合轻质土、泡沫混凝土、现浇泡沫轻质土等。

4.11.5 泡沫轻质土的施工设备应符合下列规定：

1 水泥浆拌和设备应具有配合比自动配置及记录功能，且单台套产能宜不低于$35m^3/h$。

2 泡沫轻质土拌和设备应具有配合比自动配置及记录功能，且单台套产能宜不低于$90m^3/h$。

4.11.6 泡沫轻质土配合比试验应符合下列规定：

1 泡沫轻质土配合比应进行湿重度、流动度、抗压强度试验，并应满足设计要求。

2 泡沫轻质土抗压强度试件为100mm×100mm×100mm的立方体，试件应采用保鲜袋密封养护，养护温度应为20℃±2℃。

3 泡沫轻质土的设计强度不大于1.0MPa时，试配强度应为设计强度的1.1倍；设计强度大于1.0MPa时，试配强度应为设计强度加0.05MPa。试配7d龄期抗压强度应在合格标准的50%内。

4.11.7 泡沫轻质土路堤地基应按设计高程和尺寸进行开挖、清理、整平、压实，设置排水沟或其他排水设施。当在地下水位以下浇注时，应有降水措施，不得在基底有水的状态下浇注。

4.11.8 泡沫轻质土路堤施工应符合下列规定：

1 泡沫轻质土路堤施工前，应将路基划分为面积不大于$400m^2$、长轴不超过30m的浇注区，每个浇注区单层浇注厚度宜为0.3～1.0m。轻质土路堤每隔10～15m应设置一道变形缝。

2 泡沫宜采用压缩空气与发泡剂水溶液混合的方式生产，不得采用搅拌发泡法生产泡沫。

3 原材料配合比计量应采用电子计量，泡沫剂、水泥、水、外加剂和外掺料计量精度均为±2%。

4 用于制备泡沫轻质土的料浆在储料装置中的停滞时间宜不超过1.5h。

5 泡沫轻质土应在出料软管的前端直接浇注，出料口宜埋入泡沫轻质土中。

6 单个浇注区浇注层的浇注时间不得超过水泥浆的初凝时间。上下相邻两层浇注间隔时间宜不少于8h。

7 泡沫轻质土不得在雨天施工。已施工尚未硬化的轻质土，在雨天应采取遮雨措施。

8 泡沫轻质土浇注至设计厚度后，应覆盖塑料膜或无纺土工布进行保湿养护，养护时间宜不少于7d。

9 不宜在气温低于5℃时浇注，否则应采取保温措施。

10 泡沫轻质土顶层铺筑过渡层之前，不得直接在填筑表面进行机械或车辆作业。

4.11.9 旧路加宽老路堤与泡沫轻质土交界的坡面，清理厚度宜不小于0.3m，从老路堤坡脚向上按设计要求挖台阶。土体台阶必须密实、无松散物。泡沫轻质土浇注应采用分层分块方式，不宜沿公路横向分块浇注。纵向填挖结合段，应合理设置台阶。

4.11.10 泡沫轻质土分区施工时，分区模板应安装拼接紧密，不漏浆。宜在分区浇注施工缝处设置变形缝。变形缝宜采用18mm胶合板或20~30mm聚苯乙烯板，上下可不贯通。

4.11.11 泡沫轻质土路基路床强度应符合表4.11.1的规定，对CBR值、弯沉值可不作要求。

条文说明

泡沫轻质土是水泥基胶凝材料经物理化学作用硬化形成的一种轻质固态材料，其强度换算的CBR值远大于本规范要求的路基填料的CBR值，换算的弹性模量也远大于土基路床的回弹模量，故对泡沫轻质土采用强度指标控制，不要求CBR值和弯沉值。

4.11.12 泡沫轻质土在浇注过程中应做湿重度现场检测，检测方法应采用容量筒法，每一浇注区浇注层检测次数应不低于6次。

4.11.13 泡沫轻质土应在固化后28d进行无侧限抗压强度和密度检测。抗压强度和密度应按现行《公路工程水泥及水泥混凝土试验规程》（JTG E30）进行检测，并满足设计要求。

4.11.14 泡沫轻质土施工质量应符合表4.11.14的规定。

表4.11.14 泡沫轻质土施工质量标准

项次	检查项目	规定值或允许偏差	检查方法和频率
1	强度（MPa）	在合格标准内	2组/400m^3
2	干重度（kN/m^3）	≤设计值	2组/400m^3
3	顶面高程（mm）	+10，-15	水准仪：每20m测1点
4	轴线偏位（mm）	20	全站仪：每20m测1点
5	宽度（mm）	≥设计值	尺量：每10m测1点

4.11.15 泡沫轻质土的外观质量应符合下列规定：

1 面板应光洁平顺，线形平顺，沉降缝上下贯通顺直。

2 表面不得出现宽度大于2mm的非受力贯穿缝。

4.12 煤矸石路堤

4.12.1 煤矸石可用于公路路堤填筑，不宜用于高速公路、一级公路上路堤，不得用于路床。需要保护的水源地区域不宜采用煤矸石进行路堤填筑。

4.12.2 用于路堤填筑的煤矸石填料应符合下列规定：

1 经过充分氧化或存放3年以上的煤矸石可直接用于路堤填筑。

2 煤矸石填料CBR值应大于8%，耐崩解性指数应大于60%，硫化铁含量宜小于3%。

3 遇水崩解的软质煤矸石不得用于路堤浸水部位的填筑。

条文说明

1 煤矸石的一个显著特点是可自燃，内因是含有机物和黄铁矿（FeS_2）。一般而言，在自然环境下存放3年以上的煤矸石要么已过火，要么不易自燃，性能稳定，可作为正常填料用于路堤填筑。

2 煤矸石填料来源有两种，一种为煤矿开采和选煤过程中产生的固体废弃物，另一种为煤系地层产生的挖方。两类煤矸石在路用性能方面有差异。

一些煤矸石遇水崩解风化，对路基的性能影响很大，在降雨作用下极易造成路基大的沉降，因此对煤矸石填料要求进行硫化铁含量和耐崩解性试验。耐崩解性试验参照现行《公路工程岩石试验规程》（JTG E41）。

4.12.3 来源不同的煤矸石填料，性能相差大时，应分段填筑。

4.12.4 未经充分氧化与陈化的煤矸石用于路堤填筑时应采取封闭措施，并应符合下列规定：

1 每填筑 2～3m 应设置 300mm 厚的细粒土隔离层，路堤顶面应进行封闭处理。

2 应采用细粒土进行包边防护，包边土应与煤矸石同步施工，宽度宜不小于 2m，包边土底部 0.5m 范围宜采用透水性填料。

3 煤矸石路堤发生自燃时可灌注石灰浆、水泥浆进行封闭处理。

4.12.5 煤矸石路堤及包边土压实度标准应符合表 4.4.3 的规定。当煤矸石填料粒径大时，施工控制及压实质量标准可参照填石路堤。

4.13 工业废渣路堤

4.13.1 工业废渣可用于公路路堤填筑，不得用于高速公路、一级公路路床和路堤浸水部分。

条文说明

工业废渣包括脱硫石膏、锅炉灰渣、汽化渣、钢渣、高炉矿渣等。

4.13.2 工业废渣填料用于路堤填筑时，必须符合国家现行环境保护的有关规定，严禁采用有害物质超标的工业废渣作为路堤填料。

4.13.3 储运工业废渣应符合下列规定：

1 调节工业废渣含水率应在渣场中进行。

2 工业废渣的装卸、运输和堆放，应采取洒水封盖等防止扬尘措施。

3 工业废渣填料宜从厂家或渣场直接运输至施工作业面使用。

4.13.4 工业废渣路堤填筑应符合下列规定：

1 有显著差别的填料应分段填筑。

2 应采用细粒土进行包边防护，包边土应与工业废渣同步施工，宽度宜不小于 2m，包边土底部 0.5m 范围宜采用透水性填料。

3 每填筑 2～3m 应设置 300mm 厚的细粒土隔离层，路堤顶面应进行封闭处理。

4 施工间歇期作业面应封闭交通，洒水润湿。施工间隔长时，应在工业废渣压实层顶面覆盖封闭土层。

4.13.5 工业废渣路堤压实度标准应通过试验路段确定，并应符合表 4.13.5 的规定。

包边土的压实度应符合表 4.4.3 的规定。工业废渣路堤压实度可采用填上层检下层的方式进行检测。

表 4.13.5 工业废渣路堤压实度标准

填料应用部位	压实度（%）	
	高速、一级公路	二级及二级以下公路
下路床	—	≥93
上路堤	≥93	≥90
下路堤	≥90	≥88

注：表列压实度以现行《公路土工试验规程》（JTG E40）重型击实试验法为准。

4.14 填砂路堤

4.14.1 砂料可用于公路路堤填筑，不宜直接用于路床填筑。

4.14.2 含草皮、生活垃圾、树根、腐殖质的砂料不得作为路基填料，砂料中有机质含量应不超过 5%。

4.14.3 填砂路堤施工应符合下列规定：

1 在填筑前先填筑黏土或石灰改良土下封层，下封层厚度宜不小于 400mm，应分两层施工。

2 应全断面分层填筑和压实，最大松铺厚度宜不超过 400mm，施工作业段长度宜为 400～500m，超填宽度每侧宜不小于 500mm。

3 不得土砂夹层混填。

4 宜采用洒水压实法或水沉法逐层密实。受条件限制只能采用小型压实机具时，最大松铺厚度应不大于 150mm，并充分灌水后压实。

5 应经常洒水，保持表层湿润，形成的车辙应及时整平、碾压。

条文说明

2 填砂作业段不宜过长，主要考虑运输车辆长距离在细砂路基表面行驶困难。

4.14.4 填砂路基压实度应符合表 4.4.3 的规定。

4.14.5 填砂路基边坡防护应符合下列规定：

1 边坡防护可采用包边土，包边土宽度宜为 3m，应先填筑包边土，与填砂交错进行。

2 应考虑坡面排水能力、整体抗冲刷能力，以及与周边环境的协调性，路基坡脚应设干砌片石护脚。

3 雨季施工边坡防护不能及时完成时，宜采取油毛毡或塑料薄膜覆盖等临时防护措施。

条文说明

3 填砂路堤的抗冲刷性弱，因此路基边坡要及时防护。

4.15 取土与弃土

4.15.1 取土应符合下列规定：

1 取土应根据设计要求，结合路基排水和土地规划、环境保护、公路建设要求进行。

2 取土应不占或少占耕地，取土深度应结合地下水等因素综合考虑，原地面耕植土应先集中存放。

3 桥头两侧不宜设置取土场。

4 取土场与路基之间的距离，应满足路基边坡稳定的要求。

5 线外取土场与排水沟、鱼塘、水库等设施连接时，应采取防冲刷、防污染措施。

6 取土场周边坡度应满足稳定性要求。

7 对取土造成的裸露面，应采取整治或防护措施。

4.15.2 弃土应符合下列规定：

1 施工前应对设计提供的弃土方案进行现场核对，如有问题应及时反馈处理。

2 弃土宜集中堆放，并与周边环境相协调。

3 严禁在贴近桥梁墩台、涵洞口处弃土。

4 不得向水库、湖泊、岩溶漏斗及暗河口处弃土。

5 弃土宜分层填筑，分层压实，弃土场的边坡不得陡于1:1.5，顶面宜设置不小于2%的排水坡。

6 弃土作为路基反压护道时，宜与路基同步填筑。

7 在地面横坡陡于1:5的路段，路堑顶部高侧不得设置弃土场。

8 弃土场应及时施作防护和排水工程，坡脚应按设计要求进行加固。

条文说明

4 岩溶地区的漏斗处和暗河口是地面水排泄孔道、地下水出水口通道，如被弃土堵塞，将造成地面水、地下水无法排走，危及路基稳定安全。

4.16 路基拓宽改建

4.16.1 不中断交通路基拓宽施工时，应采取交通管制和安全防护措施。

4.16.2 施工前应截断流向拓宽作业区的水源，开挖临时排水沟。施工期间应在水流汇集的路肩外侧设置拦水带，根据水流情况在拓宽路基中合理设置临时急流槽与泄水口。

4.16.3 拓宽路堤的填料宜与老路基相同，或选用水稳性好的砂砾、碎石等填料，且应满足表4.1.2的要求。路床应采用水稳性好的粗粒土或无机结合料稳定材料填筑。

4.16.4 一般路堤拓宽施工应符合下列规定：

1 拓宽路堤填筑前，应拆除原有排水沟、隔离栅等设施。拓宽部分的基底清除原地表土应不小于0.3m，清理后的场地应进行平整压实。老路堤坡面，清除的法向厚度应不小于0.3m。

2 拓宽路基的地基处理应符合设计和本规范有关规定。

3 上边坡的既有防护工程宜与路基开挖同步拆除，下边坡的防护工程拆除时应采取措施保证既有路堤的稳定。

4 既有路堤的护脚挡土墙及抗滑桩可不拆除。路肩式挡土墙路基拼接时，上部支挡结构物应予拆除，宜拆除至路床底面以下。

5 既有路基有包边土时，宜去除包边土后再进行拼接。

6 从老路堤坡脚向上开挖台阶时，应随挖随填，台阶高度应不大于1.0m，宽度应不小于1.0m。

7 拼接宽度小于0.75m时，可采取超宽填筑再削坡或翻挖既有路堤等措施。

8 宜在新、老路基结合部铺设土工合成材料。

4.16.5 高路堤与陡坡路堤拓宽施工应符合下列规定：

1 原坡脚支挡结构不宜拆除，结构物邻近处可用小型机具薄层夯实。

2 老路底部设置有渗沟或盲沟时，应做好排水通道的衔接施工。

3 高路堤与陡坡路堤拓宽施工，尚应符合本规范第4.7节的相关规定。

4.16.6 挖方路基拓宽施工应符合下列规定：

1 应在既有路基边缘设置防止飞石或落石的安全防护措施，并应设置警示标志。

2 边通车边施工时，宜采用机械开挖或静力爆破方式进行开挖。

3 采用爆破方式时，应按爆破施工方案组织施工，宜统一规定爆破时间段，爆破时应临时封闭交通。

4　拓宽施工中的挖方路基施工，除执行本条规定外，尚应执行本规范第4.3节的相关规定。

4.16.7　拓宽路基应进行沉降观测，观测点应按设计要求设置。高路堤和陡坡路堤路段尚应进行稳定性监测。

5 路基排水工程

5.1 一般规定

5.1.1 施工前，应对排水设计进行现场核对，如有问题应及时反馈处理。全线的沟渠、桥涵等应形成完整的排水系统。

5.1.2 临时排水设施宜与永久排水设施相结合。施工期间，应经常维护临时排水设施。

5.1.3 路堤段落设计有涵洞时，宜安排涵洞先行施工。地表水、地下水的临时和永久排水设施应及时完成。

5.1.4 路堤填筑期间，作业面应设2%～4%的排水横坡，表面不得积水。边坡应采取临时排水措施。

5.1.5 路堑施工时应及时排除地表水。

5.1.6 边沟、排水沟、截水沟等地表排水设施迎水侧不得高出地表，局部有凹坑时应填平。

5.1.7 排水设施的混凝土、浆砌圬工施工应符合现行《公路桥涵施工技术规范》（JTG/T F50）的有关规定。

5.2 地表排水

5.2.1 边沟施工，沟底纵坡应衔接平顺。

5.2.2 截水沟施工应符合下列规定：

1 截水沟应先行施工，与其他排水设施衔接时应平顺，纵坡宜不小于0.3%。

2 不良地质路段、土质松软路段、透水性大或岩石裂隙多地段的截水沟沟底、沟壁、出水口应进行防渗及加固处理。

5.2.3 排水沟施工应符合下列规定：

1 排水沟线形应平顺，转弯处宜为弧线形。

2 排水沟的出水口应设置跌水或急流槽，水流应引出路基或引入排水系统。

5.2.4 急流槽施工应符合下列规定：

1 基础应嵌入稳固的基面内，底面应按设计要求砌筑抗滑平台或凸榫。对超挖、局部坑洞，应采用相同材料与急流槽同时施工。

2 浆砌片石砌体应砂浆饱满，砌缝应不大于40mm，槽底表面应粗糙。

3 急流槽应分节砌筑，分节长度宜为5～10m，接头处应采用防水材料填缝。混凝土预制块急流槽，分节长度宜为2.5～5.0m，接头应采用榫接。

4 急流槽进水口的喇叭形水簸箕应与排水设施衔接平顺，汇集路面水流的水簸箕底口不得高于接口的路肩表面。

5.2.5 跌水施工应符合下列规定：

1 跌水槽施工应符合本规范第5.2.4条的有关规定。

2 无消力池的跌水，其台阶高度应小于600mm，每个台阶高度与长度之比应与原地面坡度相协调。

3 消力池的基底应采取防渗措施。

5.2.6 蒸发池施工应符合下列规定：

1 蒸发池与路基之间的距离应满足路基稳定要求。

2 底面与侧面应采取防渗措施。

3 池底宜设0.5%的横坡，入口处应与排水沟平顺连接。

4 蒸发池应远离村镇等人口密集区，四周应采用隔离栅进行围护，高度应不低于1.8m，并设置警示牌。

5.2.7 油水分离池施工应符合下列规定：

1 污水进入油水分离池前应先通过格栅和沉砂池进行处理。

2 池底、池壁和隔板应采用砌浆片石或现浇混凝土进行加固。

条文说明

公路路面排出的污水一般以悬浮物和石油为主，为保证受纳水系水质符合要求，公路排水需要进行净化处理。

5.3 地下排水

5.3.1 排水垫层施工应符合下列规定：

1　排水垫层厚度宜不小于300mm，垫层材料宜采用天然砂砾或中粗砂，含泥量应不大于5%。

2　垫层宜分层摊铺压实。垫层采用砂砾料时，应避免离析。

3　垫层两侧宜采用浆砌片石或其他方式防护。

5.3.2　隔离工程土工合成材料施工应符合下列规定：

1　铺设土工合成材料前，应平整场地，清理树根、灌木或尖锐硬物等场地杂物。施工车辆不得直接在土工合成材料上作业。土工合成材料上铺筑石料时，应在保护层完成后再进行，不得将石料直接抛落于土工合成材料上。

2　土工织物连接可采用缝合法或搭接法。缝合宽度应不小于100mm，结合处抗拉强度应达到土工织物极限抗拉强度的60%以上；搭接宽度应不小于300mm。

3　土工膜连接宜采用热熔焊接法，局部修补也可采用胶粘法，连接宽度应不小于100mm。正式拼接前应进行试拼接，采用的胶料应在遇水后不溶解。

4　土工合成材料的铺设应平顺，严禁出现扭结、断裂和撕破等现象。铺设时应拉紧，两端埋入土体部分应呈波纹状。土工织物与刚性结构连接时，应有一定伸缩量。

5　在坡面上铺设土工合成材料时，应自上而下铺设并就地连接。土工合成材料应紧贴坡面保护层，不宜拉得过紧。

5.3.3　暗沟、暗管施工应符合下列规定：

1　沟底应埋入不透水层内，沟壁最低一排渗水孔应高出沟底200mm以上。进口应采取截水措施。

2　暗沟、暗管设在路基侧面时，宜沿路线方向布置。

3　暗沟、暗管设在低洼地带或天然沟谷时，宜沿沟谷走向布置。

4　寒冷地区的暗沟应做好防冻保温处理，出水口坡度宜不小于5%。

5　暗沟采用混凝土或浆砌片石砌筑时，在沟壁与含水层接触面应设置一排或多排向沟中倾斜的渗水孔，沟壁外侧应填筑粗粒透水性材料或土工合成材料形成反滤层。沿沟槽底每隔10～15m或在软、硬岩层分界处应设置沉降缝和伸缩缝。

6　暗沟顶面应设置混凝土盖板或石料盖板，板顶上填土厚度应不小于500mm。

7　暗管宜使用钢筋混凝土圆管、PVC管、钢波纹管等材料，在管壁与含水层接触面应设置渗水孔，沟壁外侧应填筑粗粒透水性材料或设置土工合成材料形成反滤层。

8　暗沟、暗管及检查井应采用透水性材料分层回填，层厚宜不大于150mm，材料粒径宜不大于50mm。

条文说明

5　沉降缝和伸缩缝一般设在同一个位置，缝中一般采用沥青麻絮、浸透沥青的木板或土工合成弹性材料填塞，防止漏水。

5.3.4 渗沟施工应符合下列规定：

1 渗沟应设置排水层、反滤层和封闭层。

2 渗水材料应采用洁净的砂砾、粗砂、碎石、片石，其中粒径小于2mm的颗粒含量不得大于5%。渗沟沟壁反滤层应采用透水土工织物或中粗砂，渗水管可选用带孔的HPPE管、PVC管、PE管、软式透水管、无砂混凝土管等。

3 渗沟宜从下游向上游分段开挖，开挖作业面应根据土质选用合理的支撑形式，并应边挖边支撑，渗水材料应及时回填。

4 渗水材料的顶面不得低于原地下水位。当用于排除层间水时，渗沟底部应埋置在最下面的不透水层。在冰冻地区，渗沟埋置深度不得小于当地最小冻结深度，渗沟出口应进行防冻处理。

5 渗沟基底应埋入不透水层内不小于0.5m，沟壁的一侧应设反滤层汇集水流，另一侧用黏土夯实或用浆砌片石拦截水流。渗沟沟底不能埋入不透水层时，两侧沟壁均应设置反滤层。

6 粒料反滤层应分层填筑。坑壁土质为黏质土、粉砂、细砂，采用无砂混凝土板作反滤层时，在无砂混凝土板的外侧，应加设100～150mm厚的中粗砂或渗水土工织物。

7 渗沟顶部封闭层宜采用干砌片石水泥砂浆勾缝或浆砌片石等，寒冷地区应设保温层，并加大出水口附近纵坡。保温层可采用炉渣、砂砾、碎石或草皮等。

8 路基基底的填石渗沟，应采用水稳性好的石料，其饱水抗压强度应不小于30MPa，粒径应为100～300mm。

9 管式渗沟宜间隔一定距离设置疏通井和横向泄水管，分段排除地下水。渗水孔应在管壁上交错布置，间距宜不大于200mm。

10 洞式渗沟顶部应设置封闭层，厚度应不小于500mm。

11 边坡渗沟的基底应设置在潮湿土层以下的干燥地层内，阶梯式泄水坡坡度宜为2%～4%，基底应铺砌防渗层，沟壁应设反滤层，其余部分用透水性材料填充。

12 支撑渗沟的基底埋入滑动面以下宜不小于500mm，排水坡度宜为2%～4%。当滑动面缓时，可做成台阶式支撑渗沟，台阶宽度宜不小于2m。渗沟侧壁及顶面宜设反滤层。出水口宜设置端墙。端墙内的出水口底高程，应高于地表排水沟常水位200mm以上，寒冷地区宜不小于500mm。承接渗沟排水的排水沟应进行加固。

5.3.5 仰斜式排水孔施工应符合下列规定：

1 钻孔成孔直径宜为75～150mm，仰角宜不小于6°，孔深应伸至富水部位或潜在滑动面。

2 排水管直径宜为50～100mm，渗水孔宜梅花形排列，渗水段及渗水管端头宜裹1～2层透水无纺土工布。

3 排水管安装就位后，应采用不透水材料堵塞钻孔与渗水管出水口段之间的间隙，长度宜不小于600mm。

5.3.6 渗井施工应符合下列规定：

1 渗井应边开挖边支撑，并应采取照明、通风、排水措施。

2 填充料应在开挖完成后及时回填。不同区域的填充料应采用单一粒径分层填筑，小于2mm的颗粒含量不得大于5%。透水层范围宜填碎石或卵石，不透水范围宜填粗砂或砾石。井壁与填充料之间应设反滤层，填充料与反滤层应分层同步施工。

3 渗井顶部四周应采用黏土填筑围护，并应加盖封闭。

5.3.7 排水隧洞施工应符合下列规定：

1 施工前应做好现场地质、水文等情况调查和图纸核对工作，并应编制专项方案。

2 施工过程中应做好监控量测工作，围岩级别与设计不符时应及时反馈处理。

3 施工应符合现行《公路隧道施工技术规范》（JTG F60）的有关规定。

条文说明

近些年，排水隧洞在高边坡及滑坡体治理中得到了广泛应用，其断面尺寸虽然小，但仍需按隧道施工要求进行控制。

5.3.8 承压水的排除应符合下列规定：

1 埋深浅的承压水出口处，宜采取抛填片石或混凝土预制块等措施消能后，用排水沟、渗沟等方式排走承压水，也可用隔离层把承压水引入排水沟。

2 层间重力水可采用渗沟、排水沟、渗井、暗沟、暗管等排除。

3 寒冷地区冻土层以下存在承压水时，排水设施应埋设于当地冰冻深度以下。不能满足要求时，上层填土应采取保温措施，排水设施出口处的沟槽应做成保温沟，保温覆盖层应延伸至排水设施出口以外2～5m，并应加大出水口处排水沟纵坡。

条文说明

1 浅层承压水如不先消能使之成为无压水，会四处漫溢，不能引入沟渠排走。

3 寒冷地区，排水设施不能埋设到冰冻深度以下时，一般采用炉渣或泥炭作为保温材料。

5.3.9 中央分隔带表面采用铺面封闭时，铺面层下应采取防水措施，铺面层的横坡应与两侧道路横坡一致。铺面层与路面接缝应平整，并采取防渗措施。

5.3.10 中央分隔带表面未采用铺面封闭时，施工应符合下列规定：

1 横向排水管施工应采用反挖法。

2 渗水层施工应符合本规范第5.3.4条的有关规定。

3　防渗土工布施工应符合本规范第5.3.2条的有关规定。

4　沟槽应采用种植土回填。

5　施工过程中，应做好临时防水措施。

条文说明

中央分隔带工程包含横向渗沟、纵向渗沟、集水井、横向排水管、防渗层、通信管道、回填等内容，不便于机械化施工，施工时需合理安排。

5.4　路基排水工程质量标准

5.4.1　排水设施外观质量应符合下列规定：

1　纵坡顺适，曲线线形圆滑。

2　沟壁平整、稳定，无贴坡。沟底平整，排水畅通，无冲刷和阻水现象。

3　各类防渗、加固设施坚实稳固。

4　浆砌片石工程，嵌缝均匀、饱满、密实，勾缝平顺无脱落、密实、美观，缝宽均衡协调；砌体咬合紧密；抹面平整、压光、顺直，无裂缝、空鼓。

5　干砌片石工程，砌筑咬合紧密，无叠砌、贴砌和浮塞。

6　水泥混凝土砌块的强度满足设计要求，砌体平整，勾缝整齐牢固。

7　基础与墙身设置的伸缩缝、沉降缝应垂直对齐。

5.4.2　土质边沟、截水沟、排水沟施工质量应符合表5.4.2的规定。

表5.4.2　土质边沟、截水沟、排水沟施工质量标准

项次	检查项目	规定值或允许偏差	检查方法和频率
1	沟底高程（mm）	+0，-30	水准仪：每200m测4点，且不少于5点
2	断面尺寸（mm）	≥设计值	尺量：每200m测2点，且不少于5点
3	边坡坡度	不陡于设计要求	尺量：每200m测2点，且不少于5点
4	边棱顺直度（mm）	50	20m拉线：每200m测2点，且不少于5点

5.4.3　浆砌排水沟、截水沟、边沟施工质量应符合表5.4.3的规定。

表5.4.3　浆砌水沟施工质量标准

项次	检查项目	规定值或允许偏差	检查方法和频率
1	砂浆强度（MPa）	在合格标准内	按《公路工程质量检验评定标准　第一册　土建工程》（JTG F80/1—2017）附录F检查
2	轴线偏位（mm）	50	全站仪或尺量：每200m测5点
3	沟底高程（mm）	±15	水准仪：每200m测5点
4	墙面直顺度（mm）	30	20m拉线：每200m测2点

续表 5.4.3

项次	检 查 项 目	规定值或允许偏差	检查方法和频率
5	坡度	满足设计要求	坡度尺：每 200m 测 2 点
6	断面尺寸（mm）	±30	尺量：每 200m 测 2 个断面，且不少于 5 个断面
7	铺砌厚度	≥设计值	尺量：每 200m 测 4 处
8	基础垫层宽度、厚度	≥设计值	尺量：每 200m 测 4 处

注：跌水、急流槽、水簸箕等其他浆砌排水工程的质量标准也应符合本表规定。

5.4.4 混凝土排水沟、截水沟、边沟施工质量应符合表 5.4.4 的规定。

表 5.4.4　混凝土水沟施工质量标准

项次	检 查 项 目	规定值或允许偏差	检查方法和频率
1	混凝土强度（MPa）	在合格标准内	按《公路工程质量检验评定标准　第一册　土建工程》（JTG F80/1—2017）附录 D 检查
2	轴线偏位（mm）	50	全站仪或尺量：每 200m 测 5 点
3	沟底高程（mm）	±15	水准仪：每 200m 测 5 点
4	墙面直顺度（mm）	20	20m 拉线：每 200m 测 2 点
5	坡度	满足设计要求	坡度尺：每 200m 测 2 点
6	断面尺寸（mm）	±20	尺量：每 200m 测 2 个断面，且不少 5 个断面
7	混凝土厚度	≥设计值	尺量：每 200m 测 2 点
8	边墙顶高程（mm）	－15，0	水准仪：每 200m 测 5 点

5.4.5 混凝土排水管施工质量应符合表 5.4.5 的规定。钢波纹管自身质量及连接应按工业产品技术标准执行，管座施工质量、管道安装质量应参照钢筋混凝土管标准执行。

表 5.4.5　混凝土排水管施工质量标准

项次	检 查 项 目		规定值或允许偏差	检查方法和频率
1	混凝土抗压强度或砂浆强度（MPa）		在合格标准内	按《公路工程质量检验评定标准　第一册　土建工程》（JTG F80/1—2017）附录 D、附录 F 检查
2	管轴线偏位（mm）		15	全站仪或尺量：每两井间测 3 处
3	流水面高程（mm）		±10	水准仪、尺量：每两井间进出水口各 1 处，中间 1～2 处
4	基础厚度		≥设计值	尺量：每两井间测 3 处
5	管座	肩宽（mm）	+10，－5	尺量：每两井间测 2 处
		肩高（mm）	±10	
6	抹带	宽度	≥设计值	尺量：按 10% 抽查
		厚度	≥设计值	

注：PVC 管、钢波纹管等的施工质量标准可参照本表。

5.4.6 渗沟施工质量应符合表5.4.6的规定。

表5.4.6 渗沟施工质量标准

项　次	检查项目	规定值或允许偏差	检查方法和频率
1	沟底高程（mm）	±15	水准仪：每20m测2点
2	断面尺寸（mm）	≥设计值	尺量：每20m测2处

5.4.7 渗井施工质量应符合表5.4.7的规定。

表5.4.7 渗井施工质量标准

项次	检查项目		规定值或允许偏差	检查方法和频率
1	各节渗井混凝土强度（MPa）		在合格标准内	按《公路工程质量检验评定标准　第一册　土建工程》（JTG F80/1—2017）附录D检查
2	渗井平面尺寸（mm）	长、宽	±0.5%，大于24m时±120	尺量
		半径	±0.5%，大于12m时±60	
3	顶、底面中心偏位（纵、横向）（mm）		1/50井高	全站仪
4	渗井最大倾斜度（纵、横向）（mm）		1/50井高	铅垂法
5	平面扭转角（°）		1	铅垂法：测垂直两个方向
6	渗井刃脚高程（mm）		符合图纸要求	水准仪
7	过滤集料级配		满足设计要求	每个渗井1组
8	过滤集料强度		满足设计要求	每处或每100m测1组
9	土工材料位置、下承层平整度		满足设计要求	每个渗井测2处
10	搭接宽度（mm）		+50，-0	抽查5%

5.4.8 隔离工程土工合成材料施工质量应符合表5.4.8的规定。

表5.4.8 隔离工程土工合成材料施工质量标准

项　次	检查项目	规定值或允许偏差	检查方法和频率
1	下承层平整度、拱度	满足设计要求	每200m检查4处
2	搭接宽度（mm）	+50，-0	尺量：抽查2%
3	搭接缝错开距离（mm）	满足设计要求	尺量：抽查2%
4	搭接处透水点	不多于1个点	每缝

5.4.9 过滤排水工程土工合成材料施工质量应符合表5.4.9的规定。

表5.4.9 过滤排水工程土工合成材料施工质量标准

项次	检查项目	规定值或允许偏差	检查方法和频率
1	下承层平整度、拱度	满足设计要求	每200m测4处
2	搭接宽度（mm）	+50，-0	抽查2%
3	搭接缝错开距离（mm）	满足设计要求	抽查2%

5.4.10 检查井、雨水井施工质量应符合下列规定：

1 井基混凝土强度应不低于5MPa。蹬步梯应安装牢固。井框、井盖应平稳。进口周围应无积水。

2 检查井、雨水井施工质量应符合表5.4.10的规定。

表5.4.10 检查井、雨水井施工质量标准

<table>
<tr><th>项次</th><th>检查项目</th><th colspan="2">规定值或允许偏差</th><th>检查方法和频率</th></tr>
<tr><td>1</td><td>砂浆强度</td><td colspan="2">在合格标准内</td><td>按《公路工程质量检验评定标准 第一册 土建工程》（JTG F80/1—2017）附录F检查</td></tr>
<tr><td>2</td><td>轴线偏位（mm）</td><td colspan="2">50</td><td>全站仪：每个检查井检查</td></tr>
<tr><td>3</td><td>圆井直径或方井长、宽（mm）</td><td colspan="2">±20</td><td>尺量：每个检查井检查</td></tr>
<tr><td>4</td><td>井底高程（mm）</td><td colspan="2">±15</td><td>水准仪：每个检查井检查</td></tr>
<tr><td rowspan="2">5</td><td rowspan="2">井盖与相邻路面高差（mm）</td><td>检查井</td><td>+4，-0</td><td rowspan="2">水准仪：每个检查井检查</td></tr>
<tr><td>雨水井</td><td>+0，-4</td></tr>
</table>

5.4.11 排水泵站沉井平面位置、地基承载力应满足设计要求。井底应不漏水。施工质量应符合表5.4.11的规定。

表5.4.11 排水泵站沉井施工质量标准

项次	检查项目	规定值或允许偏差	检查方法和频率
1	混凝土强度（MPa）	在合格标准内	按《公路工程质量检验评定标准 第一册 土建工程》（JTG F80/1—2017）附录D检查
2	轴线平面偏位（mm）	±50	全站仪：纵、横向各2点
3	竖直度（mm）	1%井深	铅锤法：纵、横向各1点
4	几何尺寸（mm）	±50	尺量：长、宽、高各2点
5	壁厚（mm）	-5，0	尺量：每井测5点
6	井口高程（mm）	±50	水准仪：每井测4点

5.4.12 沉淀池地基承载力应满足设计要求。池底应不漏水。施工质量应符合表5.4.12的规定。

表 5.4.12 沉淀池施工质量标准

项次	检查项目	规定值或允许偏差	检查方法和频率
1	混凝土强度（MPa）	在合格标准内	按《公路工程质量检验评定标准 第一册 土建工程》（JTG F80/1—2017）附录 D 检查
2	轴线平面偏位（mm）	±50	全站仪：纵、横向各 2 点
3	几何尺寸（mm）	±50	尺量：长、宽、高、壁厚各 2 点
4	底板高程（mm）	±50	水准仪：测 2 点

5.4.13 钢筋混凝土盖板中心线应与所覆盖的排水沟中心线相吻合。施工质量应符合表 5.4.13 的规定。

表 5.4.13 钢筋混凝土盖板施工质量标准

项次	检查项目	规定值或允许偏差	检查方法和频率
1	混凝土强度（MPa）	满足设计要求	按《公路工程质量检验评定标准 第一册 土建工程》（JTG F80/1—2017）附录 D 检查
2	厚度（mm）	+10，-0	尺量：抽检 10%，每块板目测薄处测 1 处
3	宽度（mm）	±10	尺量：抽检 10%，每块板目测窄处测 1 处
4	长度（mm）	±10	尺量：抽检 10%，每块板目测短处测 1 处
5	顺直度（mm）	15	20m 拉线：每 200m 测 4 处
6	相邻板最大高差（mm）	5	尺量：每 10m 测 1 处

6 路基防护与支挡工程

6.1 一般规定

6.1.1 路基防护工程施工前，应对边坡进行修整，清除边坡上的危石及松土。修整后的坡面应大面平整、排水顺畅，与周围自然地形协调。

6.1.2 路基防护工程应与路基挖填方工程紧密、合理衔接，应开挖一级、防护一级。根据开挖坡面地质水文情况，应逐段核实路基防护设计方案。实际状况与设计出入大时，应及时反馈处理。

6.1.3 施工中应加强安全防护，严禁大爆破、大开挖。

6.1.4 各类防护工程应置于稳定的基础或坡体上。坡面防护层应与坡面密贴结合，不得留有空隙。

6.1.5 施工中应采取有效措施截排地表水和导排地下水。

6.1.6 石料、钢筋、钢绞线、水泥混凝土等材料质量应符合要求。

6.1.7 每处坡面防护应设置检修通道及必要的扶栏。

6.2 植物防护

6.2.1 坡面植物防护施工应符合下列规定：

1 在坡面成形后，应及时进行坡面植物防护。

2 植物防护前应清理坡面。

3 回填土宜采用土、肥料及腐殖质土的混合物。种植土层厚度应符合表 6.2.1-1 的规定。

表 6.2.1-1 植物种植土层厚度

植被类型	草本花卉	草坪地被	小灌木	大灌木	浅根乔木	深根乔木	检查方法和频率
土层厚度（mm）	≥30	≥30	≥45	≥60	≥90	≥150	尺量：每 50m 测 1 点

4　种草施工时，草籽应撒布均匀，同时做好保护措施。草皮宜选用带状或块状，草皮厚度宜为100mm。铺设时，应由坡脚自下向上铺设。

5　铺、种植物后应适时进行洒水、施肥等养护管理，直到植物成活。

6　养护用水不得含油、酸、碱、盐等有碍草木生长的成分。

7　坡面植物防护施工质量应符合表6.2.1-2的规定。

表6.2.1-2　坡面植物防护施工质量标准

项次	检查项目	规定值或允许偏差	检查方法和频率
1	苗木规格与数量	满足设计要求	尺量：每1km测50m
2	种植穴规格（mm）	±50	尺量：每1km测50m
3	苗木成活率（%）	≥85	目测：每1km测200m
4	草坪覆盖率（%）	≥95	目测：每1km测200m
5	其他地被植物发芽率（%）	≥85	目测：每1km测200m

6.2.2　湿法客土喷播应符合下列规定：

1　喷播前应检查作业面的粗糙度，平均粗糙度宜为±100mm，最大不超过±150mm。若岩石边坡本身不稳定，需要采用预应力锚杆锚索进行加固处理。

2　喷播植草混合料植生土、土壤稳定剂、水泥、肥料、混合草籽、水等应按配合比组成。

3　客土喷播前浇水湿润坡面，喷播植草混合料的配合比应根据边坡坡度、地质情况和当地气候条件确定，喷播混合材料厚度应为20～80mm。种子喷播应均匀。

4　客土喷播施工锚杆和锚钉宜按1m×1m间距梅花形布置。挂网施工时应自上而下放卷，相邻两卷铁丝网分别用绑扎铁丝连接固定，两网交接重叠处宽度应不小于100mm，锚钉每平方米应不少于5个。

5　挂网与作业面应保持一定间隙，并均匀一致。

6　湿法喷播施工后应及时进行补种、洒水、施肥、清除杂草等养护管理，成活率应达到90%以上。

6.2.3　植生袋施工应符合下列规定：

1　铺设植生袋时，应保证种子附着完好，袋内土不得含水。

2　坡面施工时，应从底部开始，必要时在基面上打固定桩。

3　植生袋应平铺在坪床上，边缘交接处重叠10～20mm。袋上应均匀覆土或河沙，厚度不露出植生袋，宜在10mm左右。

4　植生袋铺种完毕后应立即采用喷灌方式浇水，保持地表湿润，应避免水柱直冲。

6.2.4　三维植物网防护施工应符合下列规定：

1　施工前应先清除杂草、石块、树根等杂物，坡面土质疏松的应进行夯实。

2　铺设三维网应自上而下平铺到坡脚，并向坡顶、坡脚各延伸500mm。

3　三维网应用木桩、锚钉锚固于坡面，四周以U形钉固定。网间搭接长度应满足设计要求且应不小于100mm。三维网应紧贴坡面，无皱褶和悬空现象。

4　施工时应避开阴雨天气。

条文说明

3　三维植物网一旦脱空，植物根系与三维网就不能交织形成致密的覆盖层，对路基边坡不能形成连续和持久的保护。

4　雨天铺设三维网会造成回填底土和客土过湿或冲刷。

6.2.5　水泥混凝土骨架防护施工应符合下列规定：

1　骨架施工前应修整坡面，填补超挖形成或原生的坑洞和空腔。

2　混凝土浇筑应从护脚开始，由下而上进行浇筑。浇筑过程中采用插入式振捣器振捣。

3　骨架宜完全嵌入坡面内，保证骨架紧贴坡面，防止产生变形或破坏。

4　混凝土浇筑完成后应及时养护。养护时间宜不少于14d。

6.2.6　水泥混凝土空心预制块骨架应符合下列规定：

1　预制块经验收合格后方可使用。

2　铺设前应将坡面整平、压实，铺设宜在路堤沉降稳定后进行。

3　应与坡面紧贴，不得有空隙，并与相邻坡面平顺。

4　铺设后应及时施作植物防护。

6.2.7　骨架防护植物应符合下列规定：

1　应选取适应性好、根系发达、耐干旱贫瘠、耐破坏、再生能力强的植物。

2　应以乡土植物为主、外来植物为辅，不同植物应具互补性且与周围环境自然植被相适合。

3　骨架内植草草皮下宜铺设50～100mm厚的种植土，草皮应与坡面和骨架密贴。

4　铺设草皮后，应及时进行养护。

6.3　坡面工程防护

6.3.1　坡面喷浆防护施工应符合下列规定：

1　喷射顺序应自下而上进行。

2　砂浆初凝后，应立即开始养护。养护期宜不少于5d。

3　施工结束后，应及时对喷浆层顶部进行封闭处理。

6.3.2 坡面喷射混凝土防护施工应符合下列规定：

1 混凝土强度应满足设计要求。

2 作业前应进行试喷，选择合适的水灰比和喷射压力。

3 混凝土喷射厚度应符合设计规定，且临时支护厚度宜不小于60mm，永久支护厚度宜不小于80mm。永久支护面钢筋的喷射混凝土保护层厚度应不小于50mm。

4 混凝土喷射每一层应自下而上进行。当混凝土厚度大于100mm时，宜分两次喷射。在第二次喷射混凝土作业前，应清除结合面上的浮浆和松散碎屑。

5 面层表面应抹平、压实修整。

6 喷射混凝土面层应在长度方向上每30m设伸缩缝，缝宽10～20mm。

7 喷射混凝土初凝后，应立即开始养护。养护期宜不少于7d。

8 喷射混凝土表面质量应密实、平整，无裂缝、脱落、漏喷、漏筋、空鼓和渗漏水等。施工质量应符合表6.3.2的规定。

表6.3.2 喷射混凝土施工质量标准

项次	检查项目	规定值或允许偏差	检查方法和频率
1	混凝土强度（MPa）	在合格标准内	按《公路工程质量检验评定标准 第一册 土建工程》（JTG F80/1—2017）附录E检查
2	喷层厚度（mm）	平均厚度≥设计厚度；80%测点的厚度≥设计厚度；最小厚度≥设计规定最小值	凿孔法或工程雷达法：每50m^2测1处，总数不少于5处

6.3.3 锚杆挂网喷射混凝土防护施工应符合下列规定：

1 锚杆应嵌入稳固基岩内，锚固深度根据设计要求结合岩体性质确定。锚杆孔深应大于锚杆长度200mm。

2 钢筋网应与锚杆连接牢固。钢筋网与岩面的间隙宜为30～50mm。

3 喷射混凝土宜分层施工，铺设钢筋网前喷射一层混凝土，铺设后再喷射混凝土至设计厚度。

4 喷射混凝土厚度应均匀，钢筋网及锚杆不得外露。钢筋保护层厚度宜不小于20mm。

5 喷射混凝土施工质量应符合表6.3.2的相关规定。

6.3.4 干砌片石护坡施工应符合下列规定：

1 干砌片石护坡垫层应密实，厚度应满足设计要求。边坡为粉质土、松散的砂或粉砂土等易被冲蚀的土时，碎石或砂砾垫层厚度宜不小于100mm。

2 石料选择应符合要求。片石的厚度应不小于150mm，卵形和薄片不得使用。镶面石料应选择尺寸大并具有平整表面的石料，且应稍加粗凿。在角隅处应使用大石料，大致粗凿方正。

3 石料按层砌筑。分段砌筑时相邻段高差应不大于1.2m，段与段间应设伸缩缝或沉降缝，各段水平砌缝应一致。

4　砌筑应彼此镶紧，接缝要错开，缝隙间应用小石块填满塞紧。护坡基础宜选用大石块砌筑。

5　基础与排水相连时，基础应设在排水沟底以下。

6　干砌片石施工质量应符合表 6.3.4 的规定。

表 6.3.4　干砌片石施工质量标准

项次	检 查 项 目	规定值或允许偏差	检查方法和频率
1	厚度（mm）	±50	尺量：每 100m² 抽查 8 点
2	顶面高程（mm）	±30	水准仪：每 20m 抽查 5 点
3	外形尺寸（mm）	±100	尺量：每 20m 或自然段，长宽各测 5 点
4	表面平整度（mm）	50	2m 直尺：每 20m 测 5 点
5	泄水孔间距（mm）	≤设计值	尺量：每 20m 测 4 点

条文说明

干砌片石护坡适用于坡度缓于 1:1.25 的土质路堑边坡或边坡易受地表水冲刷以及有少量地下水渗出的地段。

6.3.5　浆砌片石护坡施工应符合下列规定：

1　宜在路堤沉降稳定后施工，砌筑前应整平坡面，按设计完成垫层施工。受冻胀影响的土质边坡，护坡底面的碎石或砂砾垫层厚度应不小于 100mm。

2　片石砌体应分层砌筑，2～3 层组成的工作面宜找平。

3　所有石块均应坐于新拌砂浆之上。

4　每 10～15m 应设置一道伸缩缝，缝宽宜为 20～30mm。基底地质有变化处，应设沉降缝。伸缩缝与沉降缝可合并设置。

5　砂浆初凝后，应立即进行养护。砂浆终凝前，砌体应覆盖。

6　泄水孔的位置和反滤层的设置应满足设计要求。如设计无要求，应符合下列规定：

1）泄水孔宜为 50mm×100mm、100mm×100mm、150mm×200mm 的矩形或直径为 50～100mm 的圆形。

2）泄水孔间距宜为 2～3m，干旱地区可适当加大，渗水量大时应适当加密。上下排泄水孔应交错布置，左右排泄水孔应避开伸缩缝与沉降缝，与相邻伸缩缝间距宜不小于 500mm。

3）泄水孔应向外倾斜，最下一排泄水孔出口应高出地面或边沟、排水沟及积水地区的常水位 0.3m。

4）最下面一排泄水孔进水口周围 500mm×500mm 范围内应设置具有反滤作用的粗粒料，反滤层底部应设置厚度不小于 300mm 的黏土隔水层。

7 浆砌片石施工质量应符合表6.3.5的规定。

表6.3.5 浆砌片石施工质量标准

项次	检查项目	规定值或允许偏差		检查方法和频率
1	砂浆强度	在合格标准内		按《公路工程质量检验评定标准 第一册 土建工程》（JTG F80/1—2017）附录F检查
2	顶面高程（mm）	料石、块石	±30	水准仪：长度不大于30m时测5点，每增加10m增加1点
		片石	±50	
3	表面平整度（mm）	料石、块石	≤25	2m直尺：每20m测5处
		片石	≤35	
4	坡度（%）	≤设计值		坡度尺：长度不大于30m时测5处，每增加10m增加1处
5	厚度或断面尺寸（mm）	≥设计值		尺量：长度不大于50m时测10个断面，每增加10m增加1个断面
6	墙面距路基中线（mm）	±50		尺量：每20m测5点
7	泄水孔间距（mm）	≤设计值		尺量：每20m测4点

6.3.6 水泥混凝土预制块护坡施工应符合下列规定：

1 宜在路堤沉降稳定后施工，铺设前应整平坡面，按设计铺设碎石或砂砾垫层，垫层厚度应不小于100mm。

2 预制块应错缝砌筑，砌筑坡面应平顺，并与相邻坡面顺接。受冰冻影响的地区，预制块混凝土强度宜不低于C25。

3 护坡每10～15m应设置一道伸缩缝，缝宽宜为20～30mm。在基底地质有变化处，应设沉降缝。伸缩缝与沉降缝可合并设置。

4 泄水孔的位置应满足设计要求，并保证畅通。如设计无要求，应按本规范第6.3.5条要求设置。

6.3.7 浆砌片石护面墙施工应符合下列规定：

1 修筑护面墙前，应清除边坡风化层至新鲜岩面。对风化迅速的岩层，清挖到新鲜岩面后应立即修筑护面墙。

2 基础施工前应核实地基承载能力和埋深。地基承载能力不足时，应采取加固措施。冰冻地区应埋置在冰冻深度以下至少250mm。

3 护面墙背面应与路基坡面密贴，边坡局部凹陷处应挖成台阶后用与墙身相同的圬工砌补，不得回填土石或干砌片石。坡顶护面墙与坡面之间应按设计要求做好防渗处理。

4 应按设计要求做好伸缩缝。当护面墙基础修筑在不同岩层上时，应在变化处设置沉降缝。

5 泄水孔的位置和反滤层的设置应满足设计要求。如设计无要求，应按本规范第6.3.5条要求设置。

6 护面墙防滑坎应与墙身同步施工。

条文说明

5 护面墙坡面中地下水不能顺利排出，会严重影响护面墙的稳定和使用寿命，因此，在坡体有地下水的路段，需要采取有效排水措施，设置并施工好倾斜排水孔或边坡渗水沟。

6.3.8 勾缝施工应符合下列规定：

1 浆砌施工应在砂浆凝固前将外露缝勾好，勾缝深度应不小于20mm。

2 片石施工时，相邻竖缝应错开。平缝与竖缝宽度，用水泥砂浆砌筑时应不大于40mm，用小石子混凝土砌筑时应为30～70mm。可用厚度比缝宽小的石片填塞宽的竖缝，且石片应被砂浆包裹。

3 块石施工时，砂浆砌筑缝宽应不大于30mm，勾缝应均匀饱满、美观，坡面应平顺。

4 勾好缝或灌好浆的砌体在完工后，视水泥种类及气候情况，在7～14d内应加强养护。

6.4 沿河路基防护

6.4.1 施工前应复核基础埋深。基础埋设在局部冲刷线以下不足1m且未嵌入基岩内时，应及时反馈处理。

6.4.2 导流构造物施工前，应根据现场具体情况采取相应措施，避免施工过程中水流冲刷农田、村庄、公路和下游路基。

6.4.3 沿河路基植物防护施工应符合下列规定：

1 经常浸水或长期浸水的路堤边坡，不宜采用植物防护。

2 沿河路堤边坡铺草皮防护，应按设计采用平铺、叠铺草皮等铺砌方法。基础部分铺置层的表面应与地面齐平。

3 植树防护宜采用带状或条形布设。防护河岸路基或防御风浪侵蚀，宜采用横行带状；防护桥头引道路堤，宜采用纵行带状。

4 应选用喜水性树种，林带应由多行树木组成，乔灌木应密植。

5 种植后，应采取有效措施加以保护。

6.4.4 沿河砌石或混凝土防护除应符合本规范第6.3节的有关规定外，尚应符合下列规定：

1 采用干砌、浆砌片石时，不得大面积平铺。干砌护坡砌块应交错嵌紧，严禁浮塞。

2 采用干砌、浆砌河卵石时，应以长方向垂直坡面，横向栽砌牢固。

3 就地浇筑混凝土板时，混凝土表面应平整、光滑。可采取措施提高早期强度。

6.4.5 抛石防护施工应符合下列规定：

1 抛石石料应选用质地坚硬、耐冻且不易风化崩解的石块。石料粒径应大于300mm，宜用大小不同的石块掺杂抛投。

2 抛石体边坡坡率和石料粒径应根据水深、流速和波浪情况确定，坡度应不陡于抛石石料浸水后的天然休止角。抛石体边坡坡率和抛石粒径应符合表6.4.5-1、表6.4.5-2的规定。

表6.4.5-1 抛石体边坡坡率与水文条件关系

水文条件	采用边坡
水深不大于2m，流速小	1:1.2～1:2.5
水深2～6m，流速大，波浪汹涌	1:2～1:3
水深大于6m，在急流中施工	缓于1:2

表6.4.5-2 抛石粒径与水深、流速关系

抛石粒径（mm）	水深（m）				
	0.4	1.0	2.0	3.0	5.0
	容许流速（m/s）				
150	2.70	3.00	3.40	3.70	4.00
200	3.15	3.45	3.90	4.20	4.50
300	3.50	3.95	4.25	4.45	5.00
400	—	4.30	4.45	4.80	5.05
500	—	—	4.85	5.00	5.40

3 抛石厚度宜为粒径的3～4倍；用大粒径时，不得小于2倍。

4 除特殊情况外，宜在枯水季节施工。

6.4.6 石笼防护施工应符合下列规定：

1 应根据设计要求或不同情况和用途，合理选用石笼形状。

2 石笼网箱的制作应符合下列规定：

1）石笼可采用重镀锌钢丝、镀锌铁丝、普通铁丝编织。永久工程应采用重镀锌钢丝。使用年限8～12年时可采用镀锌铁丝，使用年限3～5年时可采用普通铁丝石笼。

2）组装网箱时，绑扎用的组合丝、螺旋固定丝应与网丝同材质。

3）网箱的间隔网片与网身应呈90°，方可进入绑扎工序，组装绑扎成网箱。

4）组装网箱时，组合丝绑扎应为双股线并绞紧。螺旋组合丝绑扎应绞绕收紧。

5）组装完成的网箱位置应依次安放到位。

3 连接单元网箱的制作应符合下列规定：

1）组装完成的单元网箱，应按设计挡土墙长度方向位置依次安放，调整网箱位置后将每个单元网箱依次连接。

2）填料前，应在网箱外露面绑钢管或面板固定网箱位置，防止网箱移动。

3）网箱裸露部位的网片，应设置拉力丝。

4 石料填充应符合下列规定：

1）石笼填充物应采用质地坚硬、不易崩解和水解的片石或块石，石料粒径宜为100～300mm，粒径小于100mm的石料应不超过15%，且不得用于网格的外露面，孔隙率不得超过30%。

2）应采用人工或机械填料，填料应均匀分批投料，保证填料均匀充满箱体。

3）同一层网箱未能一次性施工完毕的，应在箱体接头处进行处理，相邻网箱石料高差不得超过350mm，保证网箱不发生侧向变形。

4）外露面填充料应整平，填充料间应相互搭接。

5）应在石料填充高度达到要求后进行网箱封盖。

5 网箱安装应在每层网箱高度符合要求后，施工上层网箱。层与层间的网箱应纵横交错或丁字形叠砌，上下连接，不得出现通缝。

6 石笼笼体施工质量应符合表6.4.6-1的规定。

表6.4.6-1 石笼网箱挡土墙笼体施工质量标准

项次	检 查 项 目	规定值或允许偏差	检查方法和频率
1	笼体长（mm）	±30	尺量：每50m量4个断面
2	笼体宽（mm）	±30	尺量：每50m量4个断面
3	笼体高（mm）	±30	尺量：每50m量4个断面
4	孔眼（mm）	20	尺量：每50m量4个断面

7 石笼防护施工质量应符合表6.4.6-2的规定。

表6.4.6-2 石笼防护施工质量标准

项次	检 查 项 目	规定值或允许偏差	检查方法和频率
1	平面位置偏位（mm）	≤300	全站仪：按设计控制坐标检查
2	长度（mm）	≥设计长度－300	尺量：每个（段）量5处
3	宽度（mm）	≥设计宽度－200	尺量：每个（段）量5处
4	高度（mm）	≥设计值	水准仪或尺量：每个（段）量5处
5	底面高程（mm）	≤设计值	水准仪：每个（段）测5点

条文说明

铁丝石笼能经受高流速的冲刷，一般可抵抗4～5m/s流速，体积大的可抵抗5～

6m/s 流速，允许波浪高 1.5～1.8m 的水流。当水流含有大量泥沙时，石笼中的空隙很快淤满，形成一整体防护层，其防护效果会更好。

6.4.7 土工膜袋防护施工应符合下列规定：

1 应按设计要求整平坡面，放线定位，挖好边界处理沟。

2 膜袋铺展后应拉紧固定，防止充填时下滑。

3 充填材料应根据设计要求和实际情况合理选用，充填应连续。

4 需要排水的边坡，应在膜袋适当位置开孔设置排水管。

5 膜袋顶部宜采用浆砌块石封闭。有地面径流处，坡顶应采取防护措施，防止地表水侵蚀膜袋底部。

6 岸坡膜袋底端应设压脚或护脚棱体，有冲刷处应采取防冲措施。

7 膜袋护坡侧翼宜设压袋沟。

8 膜袋与坡面间应按设计要求铺设好土工织物滤层。

9 膜袋厚度应通过抗浮稳定分析和抗冰推移稳定分析确定。膜袋的主要技术指标应符合表 6.4.7 的规定。

表 6.4.7 膜袋主要技术指标

检查项目		质量标准
单层质量（g/m²）		200
拉伸强度（N/50mm）	经	1 500
	纬	1 300
延伸率（%）	经	14
	纬	12
撕裂强度（N/50mm）	经	600
	纬	400
顶破强度（N）		800
渗透系数（mm/s）		0.28
单层厚度（mm）		0.45

6.4.8 丁坝防护施工应符合下列规定：

1 应合理安排工期。

2 坝头应按设计进行平面防护。

3 应处理好坝根与相连接的地层或其他防护设施的衔接。

4 完工后应检查丁坝间的河岸或路基边坡处的水流流速。若所能承受的容许流速小于水流靠岸回流流速，应及时反馈处理。

5 丁坝施工质量应符合表 6.4.8 的规定。

表 6.4.8 丁坝、顺坝施工质量标准

项次	检查项目		规定值或允许偏差	检查方法和频率
1	砂浆强度（MPa）		在合格标准内	按《公路工程质量检验评定标准 第一册 土建工程》（JTG F80/1—2017）附录F检查
2	平面位置偏位（mm）		30	全站仪：按设计控制坐标测
3	长度（mm）		≥设计长度 - 100	尺量：每个测
4	断面尺寸（mm）		≥设计值	尺量：测5个断面
5	坡度		≤设计值	坡度尺：测5处
6	高程（mm）	基底	≤设计值	水准仪：测5点
		顶面	±30	

条文说明

施工导流建筑物时，尽可能避免过多地压缩河床断面，否则，造成水位抬高，影响上下游路基、农田及建筑物安全。

由于丁坝压缩水流断面，扰乱原来水流性质，丁坝坝头附近尤其第一节丁坝受强烈局部冲刷和漂物强烈撞击更为严重，故不仅坝头的基础需要深埋，而且还需做平面防护。平面防护一般选用浆砌片石、石笼等坚固耐用的防护类型。

6.4.9 顺坝防护施工应符合下列规定：

1 顺坝与上下游河岸的衔接处应水流顺畅。

2 坝根嵌入稳定河岸内的距离应满足设计要求，坝根附近河岸应按设计防护加固至上游不受水流冲击处。

3 施工质量应符合表6.4.8的规定。

条文说明

顺坝根部是受水流冲击作用重的部位，需要特别重视坝根部分与相连地层或其他防护设施的嵌接，确保施工质量。

6.4.10 改移河道施工应符合下列规定：

1 宜在枯水期施工。一个旱季不能完成时，应采取防洪措施。

2 河道开挖应先挖好中段，然后再开挖两端。应确认新河床工程符合要求后再挖通其上游河段。

3 利用开挖新河道的土石填平旧河道时，在新河道通流前，旧河道应保持适当的流水断面。

4 通流时，改河上游进口河段的河床纵坡宜稍大于设计坡度。

5　河床加固设施及导流构造物的施工应合理安排，及时配套完成。

6.5　边坡锚固

6.5.1　边坡开挖和钻孔过程中，应对岩性及构造进行编录和综合分析，与设计出入大时应及时反馈处理。

6.5.2　施工前应检查地质情况，清除坡面松散的浮石，用浆砌片石、混凝土填补空洞、凹槽、缝隙，不得采用沙袋填补。边坡修整后应平整、密实，无溜滑体、蠕变体和松动岩体。

6.5.3　锚杆成孔应符合下列规定：

1　孔位应放样准确，钻孔过程中应严格控制孔轴线偏差。终孔深度应不小于设计孔深。

2　钻孔过程中应根据不同的岩土条件，选用适宜的钻孔机具和方法。钻孔直径应满足设计要求。

3　对砂土、粉土、卵石、有机质土和高塑性黏质土，宜采用套管护壁成孔护壁工艺。

4　在地下水位以下时，不宜采用干成孔工艺。

5　在高塑性指数的饱和黏质土层成孔时，不宜采用泥浆护壁成孔工艺。

6　成孔过程中遇不明障碍物时，应停止钻进，查明障碍物性质。

7　成孔后应及时清净孔内残渣。成孔后不宜立即插入锚杆或锚索时，宜在孔口采取临时封堵措施，避免水或其他杂物进入孔内。

8　成孔后应及时插入杆体并注浆。

6.5.4　钢绞线锚杆和普通钢筋锚杆杆体的制作应符合下列规定：

1　钢绞线锚杆杆体绑扎时钢绞线应平行、间距均匀。杆体插入孔内时，应避免钢绞线在孔内弯曲或扭转。

2　当锚杆杆体采用钢筋连接时，其连接宜采用机械连接、双面搭接焊、双面帮条焊。采用双面焊时，焊缝长度应不小于$5d$。

3　杆体制作和安放时，应除锈、除油污，避免杆体弯曲。

6.5.5　锚杆安装应符合下列规定：

1　施工前应按设计要求进行抗拉拔力验证试验。

2　锚杆应安装在孔位中心。

3　地下水发育地段安装锚杆，安装前应将孔内的水排出。

4　采用套管护壁工艺成孔时，应在拔出套管前将杆体插入孔内；采用非套管护壁工艺成孔时，杆体应匀速推送至孔内。

6.5.6 注浆应符合下列规定：

1 采用水泥浆时，水灰比宜取 0.5 ~ 0.55；采用水泥砂浆时，水灰比宜取 0.4 ~ 0.45，灰砂比宜取 0.5 ~ 1.0；拌和用砂宜选用中粗砂。

2 砂浆应随拌随用，放置超过初凝时间的砂浆不得使用。

3 宜先插入锚杆然后注浆，注浆宜采用孔底注浆法，注浆管应插至距孔底 50 ~ 100mm，随水泥砂浆的注入逐渐拔出，注浆压强宜不小于 0.2MPa。

4 注浆管端部至孔底的距离宜不大于 200mm。注浆及拔管过程中，注浆管口应始终埋入注浆液面内，并在水泥浆液从孔口溢出后停止注浆。注浆后当浆液液面下降时，应进行孔口补浆。

5 采用二次压力注浆工艺时，终止注浆的压力应不小于 1.5MPa。

6 锚杆长度小于 3m 时，可采用先注浆后插锚杆的工艺施工。

7 锚杆安装后，不得敲击、摇动。普通砂浆锚杆在灌浆后 3d 内不得扰动。

条文说明

注浆是锚杆施工中的重要环节，注浆质量直接影响锚杆的拉拔力。因此，注浆施工应严把浆、材质量，浆液性能，浆液工艺和注浆质量关。

6.5.7 锚杆施工质量应符合表 6.5.7 的规定。

表 6.5.7 锚杆施工质量标准

项次	检查项目		规定值或允许偏差	检查方法和频率
1	注浆强度（MPa）		在合格标准内	按《公路工程质量检验评定标准 第一册 土建工程》（JTG F80/1—2017）附录 F 或附录 M 检查
2	钻孔深度（mm）		≥设计值	尺量：逐孔测
3	钻孔直径（mm）		±10（设计直径≥60），±5（设计直径 <60）	卡尺：逐孔测
4	孔位（mm）		±50	尺量：逐孔测
5	钻孔倾角（°）		≤3	地质罗盘仪：逐孔测
6	杆体长度（mm）		≥设计值	尺量：逐孔测
7	锚杆插入钻孔长度（mm）	预应力	不小于设计长度的 97%	尺量：逐孔测
		非预应力	不小于设计长度的 98%	尺量：逐孔测
8	锚杆抗拔力（kN）		抗拔力平均值≥设计值，最小抗拔力≥0.9 倍设计值	拔力试验：锚杆数 5%，且不少于 3 根

6.5.8 锚索制作应符合下列规定：

1 不得使用有机械损伤、电弧烧伤和严重锈蚀的钢绞线。制作前应对钢绞线进行清污、除锈处理。不得将钢绞线及锚索直接堆放在地面或露天储存，避免受潮、受腐蚀。

2 锚索束制作宜在现场厂棚内进行，应随制作随安装，避免长期存放。

3 锚索的长度应根据钻孔的实际深度确定，钢绞线应采用机械切割下料，不允许接长。

4 制作好的锚索应按设计进行编号。

6.5.9 锚索安装应符合下列规定：

1 施工前应按设计要求进行锚索的锚固性能试验，确定施工工艺。

2 锚固段锚索束应按设计安装。安装过程中钢绞线应均匀排列、平直。

3 锚索入孔前，应校对锚索编号与孔号是否一致。

4 锚索束应顺直地安放在钻孔中心。

5 锚索安装后应及时注浆。注浆后3d内不得在锚索端部放置重物。

6.5.10 张拉应按设计要求进行，并应符合下列规定：

1 张拉设备应按规定进行标定，标定间隔期宜不超过6个月或张拉200次。拆卸检修的张拉设备或压力表经受强烈撞击后，必须重新标定。

2 砂浆强度达到设计规定的允许张拉强度前不得进行张拉。

3 张拉应采用张拉应力、伸长量双控。当实际伸长值大于设计伸长值的10%或小于5%时应停止张拉，进行锁定。

4 锚索锁定后，在注浆锚固前若发现有明显的预应力松弛时，应查找原因，并进行补偿张拉。

6.5.11 边坡预应力锚固防护施工质量应符合表6.5.11的规定。

表6.5.11 预应力锚固防护施工质量标准

项次	检查项目	规定值或允许偏差	检查方法和频率
1	锚索张拉应力（MPa）	满足设计要求	油压表：逐根（束）测
2	张拉伸长率（%）	满足设计要求；设计未要求时为±6	尺量：逐根（束）测
3	断丝、滑丝数	每束1根，且每断面不超过钢线总数的1%	目测：逐根（束）测

6.5.12 注浆完成后，应及时对锚固端按设计要求进行封闭保护或防腐处理。封锚应采用与结构或构件同强度的混凝土。长期外露的锚具应采取防锈措施。

6.5.13 格构施工应符合下列规定：

1 施工前坡面应修整平整、夯实，无溜滑体、蠕滑体和松动岩块。

2 人工开挖沟槽，应保证外露部分高度为150mm。开挖沟槽时，边坡局部凹处应夯填回填土，其密实度应不低于90%，并宜使表面平整。

3 钢筋尺寸、规格、布筋间距、焊接强度、保护层厚度等，应符合设计和规范要求。钢筋绑扎完毕，应将锚杆锚固弯头与格构格钢筋有效连接，检查合格后应立即浇筑混凝土，钢筋不得长期暴露。

4 混凝土浇捣过程中应保持混凝土表面平整、湿润有光泽，无干斑及滑移流淌现象，表面人工抹平压光。浇捣完应覆盖浇水养护，养护时间不少于7d。

5 格构格及锁边格每间隔一定距离应设置变形缝。变形缝应竖向布置，间隔距离宜为20～25m，变形缝宽度宜为20～30mm。

6.6 重力式挡土墙

6.6.1 基坑开挖应符合下列规定：

1 基坑开挖宜分段跳槽进行，分段位置宜结合伸缩缝、沉降缝等设置确定。

2 设计挡土墙基底为倾斜面时，应严格控制基底高程，不得超挖填补。

3 土质或易风化软质岩石雨季开挖基坑时，应在基坑挖好后及时封闭坑底。

6.6.2 开挖完成后应及时进行检验，检验合格后应及时进行下道工序施工。

6.6.3 基础施工应符合下列规定：

1 施工前应检查基础底面，清除基底表面风化、松软的土石和杂物。

2 硬质岩石上的浆砌片石基础宜满坑砌筑。浆砌片石底面应卧浆铺砌，立缝要填浆补实，不得有空隙和立缝贯通现象。

3 台阶式基础宜与墙体连续砌筑，基底及墙趾台阶转折处不得砌成垂直通缝，砌体与台阶壁间的缝隙砂浆应饱满。

4 基础应在基础砂浆强度达到设计强度的75%后及时分层回填夯实。回填应在表面留3%的向外斜坡。

6.6.4 墙身施工应符合下列规定：

1 砌石墙身应分层错缝砌筑，咬缝应不小于砌块长度的1/4，且不得出现贯通竖缝。

2 片石、砌块应大面朝下砌筑，砌块不应直接接触，间距宜不小于20mm。

3 混凝土墙身应水平分层浇筑，分层振捣。分层厚度应不超过300mm。

4 混凝土浇筑应连续进行。如间断，间断时间应小于前层混凝土的初凝时间，否则按施工缝处理。

5 浇筑过程中应有专人检查模板及支撑工作情况，发现问题及时处理。

6 挡土墙端部伸入路堤或嵌入挖方部分应与墙体同时砌筑。挡土墙顶应找平抹面或勾缝，其与边坡间的空隙应采用黏土或其他材料夯填封闭。

7 墙身施工完毕后应及时养护。

6.6.5 伸缩缝与沉降缝内两侧壁应竖直、平齐，无搭叠。缝中防水材料应按设计要求施工。

6.6.6 挡土墙与桥台、隧道洞门连接处应协调施工，必要时可设置临时支撑，确保与墙相接的填方或山体的稳定。

6.6.7 挡土墙混凝土或砂浆强度达到设计强度的75%时，应及时进行墙背回填。距墙背0.5～1.0m内，不得使用重型振动压路机碾压。

6.6.8 墙背填料应符合下列规定：

1 宜采用砂性土、卵石土、砾石土或块石土等透水性好、抗剪强度高的材料。

2 采用黏质土作为填料时，应在墙背设置厚度不小于300mm的砂砾或其他透水性材料排水层。排水层顶部应采用黏质土层封闭，土层厚度宜不小于500mm。

3 填料中不得含有机物、冰块、草皮、树根及生活垃圾。不得使用腐殖土、盐渍土、淤泥、白垩土、硅藻土、生活垃圾及有机物等作为墙背填料。

6.6.9 墙身泄水孔应在砌筑过程中按设计施工，确保排水畅通。

6.6.10 浸水挡土墙应符合下列规定：

1 浸水挡土墙用石料应选用坚硬、未风化且浸水不崩解的石块。

2 施工过程中应处理好浸水挡土墙与岸坡的衔接部位。

3 砌筑时应保证砂浆饱满、勾缝密实，避免水流冲刷墙身。

6.6.11 岩体破碎、土质松软或地下水丰富等地段修建挡土墙宜避开雨季施工。

条文说明

在旱季，岩、土体的含水率小，强度高，开挖基坑时边坡的稳定容易得到保证，故地质条件差或有水地段的挡土墙，在旱季施工比雨季安全。

6.6.12 重力式挡土墙施工质量应符合表6.6.12-1～表6.6.12-3的规定。

表 6.6.12-1 浆砌挡土墙施工质量标准

<table>
<tr><th>项次</th><th colspan="2">检 查 项 目</th><th>规定值或允许偏差</th><th>检查方法和频率</th></tr>
<tr><td>1</td><td colspan="2">砂浆强度（MPa）</td><td>在合格标准内</td><td>按《公路工程质量检验评定标准 第一册 土建工程》（JTG F80/1—2017）附录 F 检查</td></tr>
<tr><td>2</td><td colspan="2">平面位置（mm）</td><td>≤50</td><td>全站仪：测墙顶外边线，长度不大于 30m 时测 5 点，每增加 10m 增加 1 点</td></tr>
<tr><td>3</td><td colspan="2">墙面坡度（%）</td><td>≤0.5</td><td>铅锤法：长度不大于 30m 时测 5 处，每增加 10m 增加 1 处</td></tr>
<tr><td>4</td><td colspan="2">断面尺寸（mm）</td><td>≥设计值</td><td>尺量：长度不大于 50m 时测 10 个断面，每增加 10m 增加 1 个断面</td></tr>
<tr><td>5</td><td colspan="2">顶面高程（mm）</td><td>±20</td><td>水准仪：长度不大于 30m 时测 5 点，每增加 10m 增加 1 点</td></tr>
<tr><td>6</td><td colspan="2">底面高程（mm）</td><td>±50</td><td>水准仪：长度不大于 30m 时测 5 点，每增加 10m 增加 1 点</td></tr>
<tr><td rowspan="3">7</td><td rowspan="3">表面平整度（mm）</td><td>混凝土预制块、料石</td><td>≤10</td><td rowspan="3">2m 直尺：每 20m 测 3 处，每处测竖直和墙长两个方向</td></tr>
<tr><td>块石</td><td>≤20</td></tr>
<tr><td>片石</td><td>≤30</td></tr>
<tr><td>8</td><td colspan="2">泄水孔间距（mm）</td><td>≤设计值</td><td>尺量：每 20m 测 4 点</td></tr>
</table>

表 6.6.12-2 干砌挡土墙施工质量标准

项次	检 查 项 目	规定值或允许偏差	检查方法和频率
1	平面位置（mm）	≤50	全站仪：测墙顶外边线，长度不大于 30m 时测 5 点，每增加 10m 增加 1 点
2	垂直度或坡度（%）	≤0.5	铅锤法：长度不大于 30m 时测 5 处，每增加 10m 增加 1 处
3	断面尺寸（mm）	≥设计值	尺量：长度不大于 50m 时测 10 个断面，每增加 10m 增加 1 个断面
4	顶面高程（mm）	±50	水准仪：长度不大于 30m 时测 5 点，每增加 10m 增加 1 点
5	底面高程（mm）	±50	水准仪：长度不大于 30m 时测 5 点，每增加 10m 增加 1 点
6	表面平整度（mm）	≤50	2m 直尺：每 20m 测 3 处，每处测竖直和墙长两个方向

表 6.6.12-3　混凝土挡土墙施工质量标准

项次	检 查 项 目	规定值或允许偏差	检查方法和频率
1	混凝土强度（MPa）	在合格标准内	按《公路工程质量检验评定标准　第一册　土建工程》（JTG F80/1—2017）附录 D 检查
2	平面位置（mm）	≤50	全站仪：测墙顶外边线，长度不大于 30m 时测 5 点，每增加 10m 增加 1 点
3	垂直度或坡度（%）	≤0.3	铅锤法：长度不大于 30m 时测 5 处，每增加 10m 增加 1 处
4	顶面高程（mm）	±20	尺量：长度不大于 50m 时测 10 个断面，每增加 10m 增加 1 个断面
5	底面高程（mm）	±50	水准仪：长度不大于 30m 时测 5 点，每增加 10m 增加 1 点
6	断面尺寸（mm）	≥设计值	2m 直尺：每 20m 测 3 处，每处测竖直和墙长两个方向
7	表面平整度（mm）	≤8	全站仪：测墙顶外边线，长度不大于 30m 时测 5 点，每增加 5m 增加 1 点
8	泄水孔间距（mm）	≤设计值	尺量：每 20m 测 4 点

6.7　石笼式挡土墙

6.7.1　基底土质及承载力应满足设计要求。

6.7.2　石笼制作应符合本规范第 6.4.6 条的规定。

6.7.3　石笼式挡土墙墙背应设置一层透水土工布。

6.7.4　每层挡土墙施工完毕后，墙背应及时回填。回填面应与石笼顶面持平，墙后回填土应夯实，压实度应不小于 95%。

6.7.5　石笼式挡土墙施工质量应符合表 6.7.5 的规定。

表 6.7.5　石笼式挡土墙施工质量标准

项次	检 查 项 目	规定值或允许偏差	检查方法和频率
1	平面位置（mm）	≤50	全站仪：测墙顶外边线，长度不大于 30m 时测 5 点，每增加 10m 增加 1 点
2	垂直度或坡度（%）	≤0.5	铅锤法：长度不大于 30m 时测 5 处，每增加 10m 增加 1 处

续表 6.7.5

项次	检 查 项 目	规定值或允许偏差	检查方法和频率
3	断面尺寸（mm）	≥设计值	尺量：长度不大于50m时测10个断面，每增加10m增加1个断面
4	顶面高程（mm）	±50	水准仪：长度不大于30m时测5点，每增加10m增加1点
5	底面高程（mm）	±50	水准仪：长度不大于30m时测5点，每增加10m增加1点
6	表面平整度（mm）	≤50	2m直尺：每20m测3处，每处测竖直和墙长两个方向

6.8 悬臂式和扶壁式挡土墙

6.8.1 基坑开挖应从上至下分层分段依次进行。开挖过程中应做好临时排水设施，并随时排水，保证工作面干燥及基底不被水浸。基坑开挖后应及时施工挡土墙，不得长期放置。

6.8.2 凸榫部分应与基坑同时开挖，并与墙底板一起浇筑。

6.8.3 采用装配法施工时，基础部分应整体一次性浇筑，并设置好预埋钢筋。在基础混凝土达到设计强度75%前，不得安设预制墙板。

6.8.4 混凝土浇筑后应及时进行养护，养护时间宜不少于7d。

6.8.5 墙背回填应在墙体混凝土达到设计强度的75%后进行。回填应分层填筑并压实。扶壁式挡土墙回填时应按先墙趾、后墙踵的顺序进行。

6.8.6 悬臂式和扶壁式挡土墙现浇施工质量、装配法施工质量应分别符合表6.8.6-1、表6.8.6-2的规定。

表 6.8.6-1　现浇悬臂式和扶壁式挡土墙施工质量标准

项次	检 查 项 目	规定值或允许偏差	检查方法和频率
1	混凝土强度（MPa）	在合格标准内	按《公路工程质量检验评定标准　第一册　土建工程》（JTG F80/1—2017）附录D检查
2	砂浆强度（MPa）	在合格标准内	按《公路工程质量检验评定标准　第一册　土建工程》（JTG F80/1—2017）附录F检查
3	平面位置（mm）	≤30	全站仪：长度不大于30m时测5点，每增加10m增加1点

续表 6.8.6-1

项次	检 查 项 目	规定值或允许偏差	检查方法和频率
4	垂直度或坡度（%）	≤0.3	铅锤法：长度不大于 30m 时测 5 处，每增加 10m 增加 1 处
5	断面尺寸（mm）	≥设计值	尺量：长度不大于 50m 时测 10 个断面及 10 个扶壁，每增加 10m 增加 1 个断面及 1 个扶壁
6	顶面高程（mm）	±20	水准仪：长度不大于 30m 时测 5 点，每增加 10m 增加 1 点
7	底面高程（mm）	±30	全站仪：测墙顶外边线，长度不大于 30m 时测 5 点，每增加 10m 增加 1 点
8	表面平整度（mm）	≤8	铅锤法：每 20m 测 3 处，每处测竖直和墙长两个方向
9	泄水孔间距（mm）	≥设计值	尺量：每 20m 测 4 点

表 6.8.6-2　悬臂式和扶壁式挡土墙装配法施工质量标准

项次	检 查 项 目	规定值或允许偏差	检查方法和频率
1	混凝土强度（MPa）	在合格标准内	按《公路工程质量检验评定标准　第一册　土建工程》（JTG F80/1—2017）附录 D 检查
2	垂直度或坡度（%）	≤0.3	铅锤法：长度不大于 30m 时测 5 处，每增加 10m 增加 1 处
3	顶面高程（mm）	±20	水准仪：长度不大于 30m 时测 5 点，每增加 10m 增加 1 点
4	相邻面板高差（mm）	8	尺量：长度不大于 30m 时测 5 点，每增加 10m 增加 1 点
5	断面尺寸（mm）	≥设计值	尺量：长度不大于 50m 时测 10 个断面及 10 个扶壁，每增加 10m 增加 1 个断面及 1 个扶壁

6.8.7　预制墙板的预制、安装质量应符合表 6.8.7 的规定。

表 6.8.7　面板预制、安装施工质量标准

项次	检 查 项 目		规定值或允许偏差	检查方法和频率
1	混凝土强度（MPa）		在合格标准内	按《公路工程质量检验评定标准　第一册　土建工程》（JTG F80/1—2017）附录 D 检查
2	边长（mm）	边长小于 1m	±5	尺量：长宽各量 1 次，每批抽测 10%
		其他	0.5% 边长	
3	两对角线差（mm）	边长小于 1m	≤10	尺量：每板测 2 对角线
		其他	0.7% 最大对角线长	

续表 6.8.7

项次	检 查 项 目	规定值或允许偏差	检查方法和频率
4	厚度（mm）	+5，-3	尺量：每板测 4 处，每批抽测 10%
5	表面平整度（mm）	≤5	2m 直尺：测 1 次，每批抽测 10%
6	预埋件位置（mm）	≤5	尺量：测每件，每批抽测 10%
7	每层面板顶高程（mm）	±10	水准仪：每 20m 抽测 5 组板
8	轴线偏位（mm）	≤10	挂线、尺量：每 20m 测 5 处
9	面板竖直度或坡度（%）	+0，-0.5	铅锤法或坡度板：每 20m 测 5 处
10	相邻面板错台（mm）	≤5	尺量：每 20m 面板交界处测 5 处
11	面板缝宽（mm）	≤10	尺量：每 20m 检查 5 条

注：面板安装以同层相邻两板为一组。

6.9 锚杆挡土墙

6.9.1 施工时应针对地层和岩石特点，采用与其相适配并能斜孔钻进的钻机，并根据岩质选择钻头。

条文说明

肋柱式锚杆挡土墙通常采用钻机成孔。岩层钻孔对硬质岩石，可用合金或钢砂头取芯钻孔；对软岩，可用锥形四翼合金钻头全面切削钻进。

6.9.2 锚孔直径应满足设计要求，钻孔时宜保持孔壁粗糙。

6.9.3 挡土板和锚杆的施工应逐层由下向上同步进行，挡土板之间的安装缝应均匀，缝宽宜小于 10mm。同一肋柱上两相邻跨的挡土板搭接处净间距宜不小于 30mm，并应按施工缝处理。

6.9.4 挡土板安装时应防止与肋柱相撞，避免损坏角隅或开裂。

6.9.5 挡土板后的防排水设施及反滤层应与挡土板安装同步进行。

6.9.6 锚杆施工质量应符合本规范第 6.5 节的规定。

6.9.7 锚杆挡土墙施工质量应符合表 6.9.7 的规定。

表 6.9.7　锚杆、锚定板、加筋土挡土墙总体施工质量标准

项次	检查项目		规定值或允许偏差	检查方法和频率
1	墙顶和肋柱平面位置（mm）	路堤式	+50，−100	全站仪：长度不大于30m时测5点，每增加5m增加1点
		路肩式	±50	
2	墙顶和柱顶高程（mm）	路堤式	±50	水准仪：长度不大于30m时测5点，每增加5m增加1点
		路肩式	±30	
3	肋柱间距（mm）		±15	尺量：每柱间
4	墙面倾斜度（mm）		+0.5% H 且不大于 +50，−1% H 且不小于 −100	铅锤法或坡度板：长度不大于30m时测5点，每增加5m增加1点
5	面板缝宽（mm）		≤10	尺量：每20m至少测5条
6	墙面平整度（mm）		≤15	2m直尺：每20m测3处，每处测竖直和墙长两个方向
7	距面板1m范围内墙背填土的压实度（%）		≥90	每50m每压实层测1处，且不得少于1处
8	反滤层厚度（mm）		≥设计厚度	尺量：长度不大于50m时测5处，每增加10m增加1处

注：1. 平面位置和倾斜度“+”指向外，“−”指向内。
　　2. H 为墙高。

6.10　锚定板挡土墙

6.10.1　螺丝杆、锚头等应进行防锈处理和防水封闭。

6.10.2　锚定板应采用钢筋混凝土板。肋柱式锚定板面积应不小于 $0.5m^2$，无肋柱式锚定板面积应不小于 $0.2m^2$。

6.10.3　肋柱安装应符合设计的位置和倾角。安装锚定板时板面应竖直，且在同一高程。

条文说明

锚定板在同一高程，是为了使拉杆在同一直线上受力，防止拉杆扭曲。

6.10.4　锚定板应采用反开槽法施工，先填土，后挖槽就位。挖槽时，锚定板宜比设计位置高30~50mm。

6.10.5　施工槽口与上层填土应同步碾压，不得直接碾压拉杆和锚定板。

6.10.6　分级平台应按设计要求进行封闭，并设2%的外倾排水坡。

6.10.7 锚定板挡土墙施工质量应符合表6.9.7的规定。

6.11 加筋土挡土墙

6.11.1 加筋土挡土墙施工前，应按设计要求进行基底处理。有地下水影响基底稳固时，应拦截或排除地下水到墙身之外。

6.11.2 加筋土挡土墙的拉筋应按设计采用抗拉强度高、延伸率和蠕变小、抗老化、耐腐蚀和化学稳定性好的材料，表面应有足够的粗糙度。钢拉筋应按设计进行防腐处理。筋带施工质量应符合表6.11.2的规定。

表6.11.2　筋带施工质量标准

项　　次	检 查 项 目	规定值或允许偏差	检查方法和频率
1	筋带长度	≥设计值	尺量：每20m测5根
2	筋带与面板连接	满足设计要求	目测：每20m测5处
3	筋带与筋带连接	满足设计要求	目测：每20m测5处
4	筋带铺设	满足设计要求	目测：每20m测5处

6.11.3 加筋土挡土墙墙身施工应符合下列规定：

1　墙背拉筋锚固段填料宜采用具有一定级配、透水性好的砂类土或碎砾石土，土中的粗颗粒不应含有在压实过程中可能破坏拉筋的带尖锐棱角的颗粒。

2　拉筋应按设计位置水平铺设在已经整平、压实的土层上，单根拉筋应垂直于面板，多根拉筋应按设计扇形铺设。聚丙烯土工带拉筋安装应平顺，不得打折、扭曲，不得与硬质、棱角填料直接接触，其他要求应符合现行《公路土工合成材料应用技术规范》（JTG/T D32）的相关规定。

3　墙面板安设应根据高度和填料情况设置适当的仰斜，斜度宜为1:0.02～1:0.05。安设好的面板不得外倾。

4　拉筋与面板之间的连接应牢固，连接部位强度应不低于拉筋强度。拉筋贯通整个路基时，宜采用单根拉筋拉住两侧面板。

5　填料摊铺、碾压应从拉筋中部开始平行于墙面进行，不得平行于拉筋方向碾压。应先向拉筋尾部逐步摊铺、压实，然后再向墙面方向进行。

6　路基施工分层厚度及每层碾压遍数，应根据拉筋间距、碾压机具和密实度要求，通过试验确定，不得使用羊足碾碾压。靠近墙面板1m范围内，应使用小型机具夯实或人工夯实，不得使用重型压实机械压实。严禁车辆在未经压实的填料上行驶。

7　施工过程中应加强对墙身变形的观测，发现异常变化应及时处理。

6.11.4 加筋土挡土墙施工质量应符合表6.9.7的规定。

6.12 抗滑桩

6.12.1 抗滑桩施工应详细了解工程地质资料，并做好下列工作：

1 施工前，应采取卸载、反压、排水等措施使滑坡体保持基本稳定，严禁在滑坡急剧变形阶段进行抗滑桩施工。

2 施工期间应根据实际地质情况考虑开挖时的预加固措施。

3 应整平孔口地面，并设置地表截、排水及防渗设施。

4 应设置滑坡变形、移动监测点，并进行连续观测。

5 雨季施工时，应在孔口搭设雨棚，做好锁口，孔口地面上应加筑适当高度的围埂。

6.12.2 开挖及支护应符合下列规定：

1 相邻桩不得同时开挖。开挖桩群应从两端沿滑坡主轴间隔开挖，桩身强度达到设计强度的75%后方可开挖邻桩。

2 开挖应分节进行。分节不宜过长，每节宜为0.5～1.0m。不得在土石层变化处和滑动面处分节。

3 应开挖一节、支护一节。灌注前应清除孔壁上的松动石块、浮土。围岩松软、破碎、有水时，护壁宜设泄水孔。

4 开挖应在上一节护壁混凝土终凝后进行，护壁混凝土模板支撑应在混凝土强度达到能保持护壁结构不变形后方可拆除。

5 在围岩松软、破碎和有滑动面的节段，应在护壁内顺滑动方向设置临时横撑加强支护，并观察其受力情况，及时进行加固。

6 开挖时应采取照明、排水等措施，保证施工安全。

7 挖除的渣土弃渣不得堆放在滑坡范围内。

6.12.3 桩基开挖过程中，应随时核对滑动面情况，及时进行岩性资料编录。当实际情况与设计不符时，应及时反馈处理。

6.12.4 桩身混凝土施工应符合下列规定：

1 灌注前，应检查断面净空，清洗混凝土护壁。

2 钢筋笼搭接接头不得设在土石分界和滑动面处。钢筋保护层厚度应满足设计要求。

3 灌注应连续进行，不得中断。

6.12.5 桩间支挡结构及与桩相邻的挡土、排水设施等应与抗滑桩正确连接，配套完成。

6.12.6 桩板式抗滑挡土墙施工应符合下列规定：

1 挡土板应在桩身混凝土达到设计强度后安装。挡土板安装时，应边安装边回填，并做好挡土板后排水设施。

2 桩间采用土钉墙或喷锚支护时，桩间土体应分层开挖、分层加固。

3 应严格控制墙背填土的压实度，压实时应保护好锚索。

6.12.7 施工过程中应对地下水位、滑坡体位移和变形进行监测。

6.12.8 抗滑桩施工质量应符合表6.12.8的规定。

表6.12.8 抗滑桩施工质量标准

项次	检查项目		规定值或允许偏差	检查方法和频率
1	混凝土强度（MPa）		在合格标准内	按《公路工程质量检验评定标准 第一册 土建工程》（JTG F80/1—2017）附录D检查
2	桩长（m）		≥设计值	测绳：每桩检测
3	孔径或断面尺寸（mm）		≥设计值	探孔器或尺量：每桩检测
4	桩位（mm）		+100	全站仪：每桩检测
5	竖直度（mm）	钻孔桩	1%桩长，且≤500	测壁仪或铅锤法：每桩检测
		挖孔桩	0.5%桩长，且≤200	铅锤法：每桩检测
6	钢筋骨架底面高程（mm）		±50	水准仪：每桩测骨架顶面高程后反算

6.12.9 应加强坡体排水，定期疏导排水管，防止地下水赋存坡体内部。

6.12.10 锚固桩上部设有多排锚索时，应在上一排锚索施工完成后再开挖下一层的桩前土体。

6.12.11 预应力锚索抗滑桩施工质量应符合本规范第6.5节的规定。

6.12.12 抗滑桩设置声测管应符合下列规定：

1 声测管应采用焊接或绑扎固定在钢筋笼内侧上，管之间保持平行。

2 声测管应随钢筋笼分段安装，接头牢固，套接管的两端用胶布缠绕密封。

3 钢筋笼放入桩孔时，应保证管体竖直，管壁平顺无变形，管内畅通无异物。

6.13 土钉支护

6.13.1 开挖、成孔等过程中应随时观察地质、位移的变化，发现异常应及时采取措施。

6.13.2 地表排水宜在距边坡顶部3～5m范围内开挖截水沟。边坡体内排水宜设置排水管。在每层开挖作业面坡脚适当距离设临时排水沟和集水井。临时排水设施应与永久排水设施综合考虑布设。

条文说明

土钉支护工程的排水系统对工程质量、稳定性和使用寿命具有重要意义，因此在施工过程中应特别重视水的作用和影响，在地表和支护内部布设施工排水系统，以疏导地表水和地下水。

6.13.3 坡面开挖应开挖一级、防护一级。一次开挖深度和长度不得大于设计值。

6.13.4 土钉施工应符合下列规定：

1 施工前应进行土钉现场抗拉拔力验证试验。

2 钻孔完成后，应清除孔内残浆、残渣等杂物。

3 土钉和注浆排气管应同时送入钻孔内，注浆应饱满。

4 喷射混凝土应符合本规范第6.3.2条的相关规定。

6.13.5 地梁、网格梁施工应符合下列规定：

1 土钉钢筋与网格梁受力钢筋应联结牢固。

2 地梁、网格梁应及时养护。

6.13.6 土钉支护施工质量应符合表6.13.6的规定。

表6.13.6 土钉支护施工质量标准

项次	检查项目	规定值或允许偏差	检查方法和频率
1	注浆强度（MPa）	在合格标准内	砂浆按《公路工程质量检验评定标准 第一册 土建工程》（JTG F80/1—2017）附录F检查，其他按附录M检查
2	土钉孔深（mm）	+200，-50	尺量：抽查10%
3	土钉倾角（°）	2	倾角仪：抽查10%
4	土钉孔距（mm）	±100	尺量：抽查10%
5	土钉孔径（mm）	+20，-5	尺量：抽查10%
6	土钉抗拔力	平均值≥设计值， 低于设计值的土钉数<20%， 最小抗拔力≥设计值的90%	抗拔力试验：土钉总数的1%，且不少于3根

6.14 柔性防护网系统

6.14.1 主动防护系统施工应按钻孔、安设锚杆、安装纵横向支撑绳、挂网、缝合的工序进行，并应符合下列规定：

1 锚杆孔位应准确，局部坡面凹陷处应增加锚杆，保证防护网紧贴坡面。

2 个别孔位因岩质疏松、破碎不能成孔时，应凿除松散部位，并用强度不低于C15的混凝土回填。

3 纵横向支撑绳应与锚杆外露环套逐个联结固定，安装后应拉紧，使其紧贴坡面。

4 挂网应从上向下进行，并应保证网间的重叠宽度和缝合满足要求。柔性防护网分两层时，应先挂小孔径网，后挂大孔径网。

5 缝合应从上向下进行，缝合应牢固，缝合绳应与网绳固定联结。

6 安装完毕后，应检查钢绳网与山体之间贴合是否紧密。局部与岩体间隙过大时，应在相应部位增设锚杆。

6.14.2 支撑绳安装、网片安装施工质量应分别符合表6.14.2-1、表6.14.2-2的规定。

表6.14.2-1 支撑绳安装施工质量标准

项次	检查项目	规定值或允许偏差	检查方法和频率
1	支撑绳直径（mm）	满足设计要求	每900m²抽检6处
2	支撑绳穿套方式	满足设计要求	每900m²抽检6处
3	支撑绳张拉	满足设计要求	每900m²抽检6处
4	支撑绳绳卡数量（个）	满足设计要求	每900m²抽检6处

表6.14.2-2 网片安装施工质量标准

项次	检查项目	规定值或允许偏差	检查方法和频率
1	缝合绳缠绕方式	满足设计要求	每900m²抽检6处
2	缝合绳固定	满足设计要求	每900m²抽检6处
3	缝合绳张拉	满足设计要求	每900m²抽检6处
4	格栅网搭接宽度	满足设计要求	每900m²抽检6处
5	格栅与钢绳网扎结数量（个/m²）	≥4	每900m²抽检6处

6.14.3 被动防护系统应按施工地脚锚杆、安设钢柱和锚杆、安设支撑绳及附件、挂网的工序进行，并应符合下列规定：

1 钢材应进行防腐处理。

2 钢柱和锚杆基础应准确放样。

3　钢柱安置位置、角度应满足设计要求。

4　支撑绳安置完成后应用绳卡等附件固定牢固，侧拉索的安设应在上拉绳安装好后进行。下支撑绳应紧贴地面，无缝隙。

5　柔性网挂好后应用缝合绳固定，网底边应紧贴地面，无缝隙。

6.14.4　钢柱基础、钢柱及基座安装、拉锚绳安装、支撑绳安装施工质量应分别符合表6.14.4-1～表6.14.4-4的规定。

表6.14.4-1　钢柱基础施工质量标准

项　次	检 查 项 目	规定值或允许偏差	检查方法和频率
1	混凝土强度（MPa）	在合格标准内	每台班2组试件
2	基座间距（mm）	满足设计要求	尺量：每跨测1处
3	平面尺寸（mm）	≥设计值	尺量：长宽各测1处
4	基坑深度（mm）	≥设计值	尺量：每边各测1处
5	轴线偏差（°）	≤15	量角器量：每基础测1次
6	预埋件偏位（mm）	≤100	尺量：长宽各测2处

表6.14.4-2　钢柱及基座安装施工质量标准

项　次	检 查 项 目	规定值或允许偏差	检查方法和频率
1	钢柱倾角（°）	≤5	量角器量：每钢柱1次
2	基座轴线偏差（°）	≤15	量角器量：每基础1次
3	预埋件位置偏位（mm）	≤100	尺量：长宽各测2处

表6.14.4-3　拉锚绳安装施工质量标准

项　次	检 查 项 目	规定值或允许偏差	检查方法和频率
1	拉锚绳直径（mm）	满足设计要求	每根测1处
2	拉锚绳栓套位置	满足设计要求	逐一检查
3	减压环数量（个）	满足设计要求	逐一检查
4	拉锚绳绳卡数量（个）	满足设计要求	逐一检查

表6.14.4-4　支撑绳安装施工质量标准

项　次	检 查 项 目	规定值或允许偏差	检查方法和频率
1	支撑绳直径（mm）	满足设计要求	尺量：每根测1处
2	支撑绳下垂度	≤跨距的3%	尺量：每跨测1处
3	减压环数量（个）	满足设计要求	每跨检查
4	支撑绳绳卡数量（个）	满足设计要求	每900m^{2}抽检6处

7 特殊路基

7.1 一般规定

7.1.1 特殊路基施工前应进行必要的基础试验，核对地质资料、设计处理范围、设计参数等，编制专项施工方案。

7.1.2 实际施工中如地质状况与设计不符或设计处置方案因故不能实施，应及时反馈处理。

7.1.3 特殊路基施工宜进行动态监控。

7.1.4 特殊路基施工除应符合本章规定外，尚应符合本规范第4章的有关规定。

7.2 滑坡地段路基

7.2.1 滑坡整治施工应符合下列规定：

1 施工前应核查滑坡区段的地形、地貌、地质、滑坡性质、成因类型和规模，应编制滑坡段的专项施工方案和应急预案。

2 滑坡整治措施实施前，严禁在滑坡体抗滑段减载、下滑段加载。

3 滑坡整治不宜在雨期施工。

4 施工时应进行稳定监测、地质编录并核查实际地质情况，发现地质与设计不符、有滑坡迹象或其他异常情况时，应及时反馈处理。滑坡发生时应立即采取应急措施。

5 滑坡整治施工时应对滑坡影响区内的其他工程和设施进行保护。

6 降雨期间及雨后，应加强滑坡区段的巡查工作。

条文说明

滑坡整治措施包括减滑措施和抗滑措施。削坡减载为减滑措施，填筑反压为抗滑措施。

7.2.2 应采取截水、排水、减载、反压与支挡等措施进行滑坡整治，整治措施可单独使用，也可综合使用。滑坡整治应先施工截水、排水设施，减载、反压与支挡措施的施工顺序应结合滑坡具体情况予以确定。

7.2.3 截水、排水施工应符合下列规定：

1 应在滑坡后缘的稳定地层上，修筑具有防渗功能的环形截水沟、排水沟。

2 滑坡体上的裂隙和裂缝应采取灌浆、开挖回填夯实等措施予以封闭，滑坡体的洼地及松散坡面应平整夯实。

3 滑坡范围大时，应在滑坡坡面上修筑具有防渗功能的临时或永久排水沟。

4 有地下水时，应设置截水渗沟。反滤材料采用碎石时，碎石粒径应符合要求，含泥量应小于3%。

7.2.4 削坡减载施工应符合下列规定：

1 应自上而下逐级开挖，严禁采用爆破法施工。

2 开挖坡面不得超挖，开挖面上有裂缝时应予灌浆封闭或开挖夯填。

3 支挡及排水工程在边坡上分级实施时，宜开挖一级、实施一级。

7.2.5 填筑反压施工应符合下列规定：

1 反压措施应在滑坡体前缘抗滑段实施。

2 反压填料不得堵塞地下水出口，地下排水设施应在填筑反压前完成。反压填料宜予压实。

3 应采取措施使受影响的天然河沟保持排水顺畅。

7.2.6 抗滑支挡工程施工应符合下列规定：

1 抗滑支挡工程施工应符合本规范第6章的有关规定。

2 应在滑坡体处于相对稳定的状态下施工，滑坡体具有滑动迹象或已经发生滑动时，应采取反压填筑等措施。

3 抗滑桩与挡土墙共同支挡时，应先施作抗滑桩。挡土墙后有支撑渗沟及其他排水工程时应先施工。

4 抗滑桩、锚索施工应从两端向滑坡主轴方向逐步推进。

5 采取微型钢管桩、山体注浆等加固措施或注浆作为其他处置方案的配套措施时，应采用相应的成孔设备和注浆方式。

6 各种支挡结构的基底应置于滑动面以下，并应嵌入稳定地层。

条文说明

抗滑支挡结构包括抗滑挡土墙、抗滑桩、注浆锚杆、预应力锚索、隧道明洞等。微型桩、山体注浆等措施可治理土质中小型滑坡。

7.2.7 滑坡区段的路基施工应在支挡工程完成后进行，开挖工程可结合减载措施进行施工，填筑工程可结合反压措施进行施工。路基的排水及防护工程应及时施工。

7.2.8 大型滑坡段应进行山体和边坡的稳定性监测。监测点、网的布置，监测内容及监测精度应符合现行《工程测量规范》（GB 50026）的有关规定。施工完成后宜进行长期监测。

7.3 崩塌与岩堆地段路基

7.3.1 施工前应核查崩塌地段地形、地貌、地质情况，查明危岩、崩塌的类型、范围及危害程度，查明岩堆的物质组成、类型、分布范围、物质来源、成因，分析崩塌体与岩堆的稳定性，复查设计处置方案的可行性并编制专项施工方案。

条文说明

崩塌指高陡斜坡上岩体或土体在重力作用下倒塌、倾倒或坠落的现象。岩堆指陡峻山坡上，岩体崩塌物质经重力搬运，在山坡坡脚或平缓山坡上堆积的松散堆积体。

7.3.2 施工时应做好崩塌与岩堆地段渗入水及地下水的截水、排水及防渗设施。

7.3.3 岩堆地区路基施工，应进行动态监控和巡视。填筑路基时，不宜使用振动碾压设备。

7.3.4 危岩崩塌体应采取下列处置措施：

1 应根据地形和岩层情况对单个危岩采取处置措施。地面坡度陡于1:1.5时，应对孤石进行处理。

2 有岩块零星坠落的边坡或自然坡面，宜进行坡面防护。

3 危岩崩塌体小时，可采取清除、支挡、挂网喷锚、柔性防护等措施，或采取拦石墙、落石槽等拦截措施。拦石墙与落石槽宜配合使用，设置位置可根据地形布置，拦石墙墙背应设缓冲层。

4 对路基有危害的危岩体，应清除或采取支撑、预应力锚固等措施。在破碎带或节理发育的高陡山坡上不宜刷坡。

5 当崩塌体大、发生频繁且距离路线近而设拦截构造物有困难时，应按设计要求采用明洞、棚洞等遮挡构造物，洞顶应有缓冲层。

7.3.5 处于发展中的岩堆地段路基，应减少开挖，并按设计要求采取挡土墙、坡面封闭等防护措施，也可设置拦石墙与落石槽或修建明洞、棚洞等遮挡构造物。

7.3.6 稳定的岩堆地段路基，宜采取下列处置措施：

1 位于岩堆上部时，宜沿基岩面清除路基上方的岩堆堆积物。

2 位于岩堆中部时，挖方边坡宜按设计要求设置挡土墙等支挡构造物。

3 在岩堆上进行路堤施工，宜清除表层堆积物并挖台阶，宜控制填筑速率并进行稳定观测。

7.3.7 对大而稳定性差的岩堆，应按设计要求采取综合治理措施。应先进行抗滑挡土墙或抗滑桩等支挡工程施工，再分阶梯形成边坡或修筑护面墙，然后在岩堆体内分段注入水泥砂浆。

7.4 泥石流地区路基

7.4.1 施工前应结合设计，详细调查泥石流的成因、规模、特征、活动规律、危害程度等相关情况，核实泥石流形成区、流动区和堆积区，编制专项施工方案。

7.4.2 泥石流地区路基施工，应采取措施加强监测，遇有异常情况及时处理，确保施工安全。

7.4.3 采用桥梁形式跨越泥石流地段时，应按设计要求及时完成防护加固设施。

7.4.4 采用排泄道、排导沟、明洞、涵洞、渡槽等排导功能为主的构造物进行泥石流处置时，排导构造物应符合下列规定：

1 构造物基础应牢固，强度、断面与高度应满足设计要求。

2 构造物平面线形应圆滑、渐变，上下游应有足够长的衔接段，行进段沟槽不宜过分压缩，出口不宜突然放宽。流向改变处的转折角不宜超过15°，避免因急弯突然收缩和扩大而造成淤塞。

3 构造物通流段和出口段的纵坡应满足设计要求或大于沟槽的淤积平衡坡度。

7.4.5 永久性调治构造物采用浆砌片石时，应采用质地坚硬、不易风化的片石，基础应置于设计要求的深度，强度应满足设计要求。

7.4.6 利用植被治理泥石流时，植物物种应选择生长期短、见效快、根须发达、适宜本地区生长的品种。

7.5 岩溶地区路基

7.5.1 施工前应核查岩溶分布、地形、地表水、地下水活动规律，编制专项施工方案。

7.5.2 不得堵塞与地下河连通的岩溶漏斗、冒水洞、溶洞等地下通道。对影响路基稳定的岩溶水的疏导、引排措施，应符合下列规定：

1 对路基上方的岩溶泉和冒水洞，应采用排水沟将水截流至路基外。

2 对出水点多、水流分散的岩溶水，可设置渗沟、截水墙与截水洞等截流设施。截流位置应设置得当，截排顺畅。

3 对水流集中的常流或间歇性岩溶水，可设置明沟、涵管与泄水洞等排水设施。过水断面应设置合理，引排顺畅。

4 对路基基底处的岩溶泉和冒水洞，宜设置桥涵等排水设施将水排出路基外。

5 截流和引流后需在洼地排水时，应设置排水沟涵将水引至洼地的消水洞，若无明显的消水洞，应排至洼地最低处。不得随意改变洼地的汇雨面积，若需改变洼地消水量，应专门论证。

7.5.3 对路基基底下的干溶洞处置，应采取下列措施：

1 应铲除溶洞石笋、石牙、孤石以及不规则的碳酸钙沉积物，整平基底，并应采用一定级配的砂砾石、碎石、片块石等渗水性好的填料回填。

2 应挖除石林、石牙、溶槽、溶沟间、洼地内的湿软细粒土。

3 对失去排水功能的浅层漏斗、落水洞、土洞以及规模小且无地下溶水联系的溶沟、溶槽等干溶洞，可采用片碎石、混凝土等填塞。

4 位于路基基底的裸露和埋藏浅的溶洞，可采取回填封闭、钢筋混凝土盖板跨越、支撑加固或结构物跨越等处理措施。

5 对有充填物的溶洞，可采取注浆法、旋喷法等加固措施。不能满足要求时，宜采用结构物跨越。

6 覆盖层中土洞埋藏浅时，可采取回填夯实或强夯等处理措施；覆盖层中土洞埋藏深时，宜采取注浆、复合地基等处理措施。

7.5.4 在溶蚀洼地填筑路基时，应采用渗水性好的砂砾、碎石土等材料填筑，并应高出积水位0.5m。

7.5.5 对岩溶洼地或地下水丰富处的软土地基，软土厚度小时可采用片石、碎石或砾石等换填处理；软土厚度大时可采取旋喷桩、CFG桩、粉喷桩等其他软基处理措施。

7.5.6 当路基跨越具有顶板的溶洞时，应根据设计要求确定处理方案。

7.5.7 对岩溶地段的边坡处置，应采取下列措施：

1 对土石相间的石牙、石林边坡以及开挖覆盖层与基岩交界的溶蚀破碎带形成的土夹石边坡，应清除石牙、石林间溶槽溶沟内的充填土壤及坡面上的孤石，清除至坡体自然稳定坡度，保留露出坡面的石林、石牙的自然形态。

2 对未严重风化，节理发育、破碎但稳定性好的岩溶岩石边坡，宜采取喷浆、喷射混凝土等措施。

3 对岩溶路堑开挖后有潜在滑动危险的岩质边坡，应采取支挡或锚固措施。

4 对路堑边坡上的干溶洞和洞穴，宜清除洞内沉积物，宜采用干砌或浆砌片石、钢筋混凝土板封堵。当干溶洞和洞穴影响到边坡的稳定性时，应采取浆砌片石、混凝土支柱支顶等加固措施。

5 对边坡陡、裂隙发育、易风化、剥落破碎的岩溶边坡，或规模大的土夹石岩溶边坡，应采取浆砌片石护面墙等防护措施。

6 开挖整体稳定性好的硬质岩溶岩石边坡时，宜采用光面爆破或预裂爆破。

7.6 软土地区路基

7.6.1 软土地基处置前，应了解工程地质、地下管线、构造物等情况，进行必要的土工试验，复核设计处置方案的可行性，编制专项施工方案。

7.6.2 软土地基处置应因地制宜、就地取材。

7.6.3 浅层置换施工应符合下列规定：

1 厚度小于3.0m的软土宜采用浅层置换。

2 置换宜选用强度高的砂砾、碎石土等水稳性和透水性好的材料。施工时，应分层填筑、压实。

7.6.4 浅层改良施工应符合下列规定：

1 对非饱和黏质土的软弱表层，可添加石灰、水泥等进行改良处置。

2 施工前应先完善排水设施，施工期间不得积水。

3 石灰、水泥等应与土拌和均匀，严格控制含水率。施工时，应分层填筑、压实。

7.6.5 抛石挤淤施工应符合下列规定：

1 应采用不易风化的片石、块石，石料直径宜不小于300mm。

2 当软土地层平坦，横坡缓于1∶10时，应沿路线中线向前呈等腰三角形抛填，渐次向两侧对称抛填至全宽，将淤泥挤向两侧；当横坡陡于1∶10时，应自高侧向低侧渐次抛填，并在低侧边部多抛投形成不小于2m宽的平台。

3 当抛石高出水面后，应采用重型机具碾压密实。

条文说明

泥沼及软土厚度小于3.0m且位于水下时，因置换施工困难，抛石挤淤是经济、有效的处理方法；当软土厚度大于3.0m时，慎用该处理方法。

7.6.6 爆炸挤淤施工应符合下列规定：

1 宜采用布药机进行布药。当淤泥顶面高、露出水面时间长，且装药深度小于2.0m时，可采用人工简易布药法。

2 抛填前应根据软基深度、宽度、水深等环境条件和施工设备，确定抛填高度、宽度及进尺。抛填高度应高于潮水位。抛填进尺最小宜不小于3m，最大宜不大于10m。

3 爆炸挤淤施工应采取控制噪声、有害气体和飞石，减少粉尘、冲击波等环境保护措施。

4 爆炸挤淤后应采用钻孔或物探方法探测检查置换层厚度、残留混合层厚度。置换层底面和下卧地基层设计顶面之间的残留淤泥碎石混合层厚度应不大于1m。

7.6.7 砂砾、碎石垫层施工应符合下列规定：

1 砂砾、碎石垫层宜采用级配好的中、粗砂、砂砾或碎石，含泥量应不大于5%，最大粒径宜小于50mm。

2 垫层宜分层铺筑、压实。垫层应水平铺筑。当地形有起伏时，应开挖台阶，台阶宽度宜为0.5～1m。

3 垫层宽度应宽出路基坡脚0.5～1m，两侧宜用片石护砌或采用其他方式防护。

7.6.8 铺设土工合成材料应符合下列规定：

1 土工合成材料技术指标应满足设计要求。土工合成材料在存放及铺设过程中不得在阳光下长时间暴露。与土工合成材料直接接触的填料中不得含强酸性、强碱性物质。

2 施工中应采取措施防止土工合成材料受损，出现破损时应及时修补或更换。

7.6.9 袋装砂井施工应符合下列规定：

1 宜采用中、粗砂，粒径大于0.5mm颗粒的含量宜大于50%，含泥量应小于3%，渗透系数应大于5×10^{-2}mm/s。砂袋的渗透系数应不小于砂的渗透系数。

2 套管起拔时应垂直起吊，防止带出或损坏砂袋。发生砂袋带出或损坏时，应在原孔位边缘重打。

3 砂袋在孔口外的长度应不小于300mm，并顺直伸入砂砾垫层。

4 袋装砂井施工质量应符合表7.6.9的规定。

表7.6.9 袋装砂井施工质量标准

项次	检查项目	规定值或允许偏差	检查方法和频率
1	井距（mm）	±150	抽查2%且不少于5点
2	井长（mm）	≥设计值	查施工记录
3	井径（mm）	+10，0	挖验2%且不少于5点
4	灌砂率（%）	-5	查施工记录

7.6.10 塑料排水板施工应符合下列规定：

1 塑料排水板技术指标应满足设计要求，露天堆放时应有遮盖。

2 施工中应防止泥土等杂物进入套管内。

3 塑料排水板不得搭接，预留长度应不小于500mm，并及时弯折埋设于砂垫层中。

4 塑料排水板施工质量应符合表7.6.10的规定。

表7.6.10 塑料排水板施工质量标准

项次	检查项目	规定值或允许偏差	检查方法和频率
1	板距（mm）	±150	抽查2%且不少于5点
2	板长（mm）	≥设计值	抽查2%且不少于5点

7.6.11 真空预压、真空堆载联合预压施工应符合下列规定：

1 密封膜应采用抗老化性能好、韧性好、抗穿刺能力强的不透气材料。

2 密封膜连接宜采用热合黏结缝平搭接，搭接宽度应不小于15mm。

3 滤管应不透砂。滤管距泥面、砂垫层顶面的距离均应大于50mm。滤管周围应采用砂填实，不得架空、漏填。

4 密封膜的周边应埋入密封沟内。密封沟的宽度宜为0.6~0.8m，深度宜为1.2~1.5m。

5 真空表测头应埋设于砂垫层中间，每块加固区应不少于2个真空度测点。

6 真空预压施工应按排水系统施工、抽真空系统施工、密封系统施工及抽气的顺序进行。

7 采用真空堆载联合预压时，应先抽真空，当真空压力达到设计要求并稳定后，再进行堆载，并继续抽气。堆载时应在膜上铺设土工布等保护材料。

8 施工监测应符合下列规定：

1）预压过程中，应进行膜下真空度、孔隙水压力、表面沉降、深层沉降及水平位移等预压参数的监测。膜下真空度每隔4h测一次，表面沉降每2d测一次。

2）当连续五昼夜实测地面沉降小于0.5mm/d，地基固结度已达到设计要求的80%时，经验收，即可终止抽真空。

3）停泵卸荷后24h，应测量地表回弹值。

7.6.12 粒料桩施工应符合下列规定：

1 砂桩宜采用中、粗砂，粒径大于0.5mm颗粒含量宜占总质量的50%以上，含泥量应小于3%，渗透系数应大于5×10^{-2}mm/s；也可使用砂砾混合料，含泥量应小于5%。

2 碎石桩宜采用级配好、不易风化的碎石或砾石，最大粒径宜不大于50mm，含泥量应小于5%。

3　施工前应进行成桩工艺和成桩挤密试验。

4　粒料桩可采用振冲置换法或振动沉管法，宜从中间向外围或间隔跳打。邻近结构物施工时，应沿背离结构物的方向施工。

5　粒料桩施工质量应符合表7.6.12的规定。

表7.6.12　粒料桩施工质量标准

项次	检查项目	规定值或允许偏差	检查方法和频率
1	桩距（mm）	±150	抽查桩数的2%且不少于5点
2	桩长（m）	≥设计值	查施工记录
3	桩径（mm）	≥设计值	抽查2%
4	粒料灌入率	≥设计值	查施工记录
5	地基承载力	满足设计要求	抽查桩数的0.1%且不少于3处

6　碎石桩密实度抽查频率应为2%，用重Ⅱ型动力触探测试，贯入量100mm时，击数应大于5次。

条文说明

制作桩体填料一般就地取材，碎石、卵石、砂砾、矿渣等都可使用，但易风化崩解材料一般不使用。各类填料含泥量均不得大于5%。对填料颗粒级配没有特别要求，填料最大粒径一般不大于63mm，粒径过大不仅容易卡孔，而且会使振冲器外壳强烈磨耗。

对砂桩质量要求严格或要求小直径管打大直径砂桩时，可采用双管冲击成桩法或单管振动重复压拔管成桩法。

施工质量检验，常用的方法有单桩荷载试验和动力触探试验。加固效果检验，常用的方法有单桩复合地基荷载试验和多桩复合地基大型荷载试验。

7.6.13　加固土桩施工应符合下列规定：

1　加固土桩的固化剂宜采用生石灰或水泥。生石灰应采用磨细Ⅰ级生石灰，应无杂质，最大粒径应小于2mm。水泥宜采用强度等级不低于32.5级的普通硅酸盐水泥。

2　加固土桩施工前应进行成桩试验，桩数宜不少于5根，且应满足下列要求：

1）应取得满足设计喷入量的各种技术参数，如钻进速度、提升速度、搅拌速度、喷气压力、单位时间喷入量等。

2）应确定能保证胶结料与加固软土拌和均匀性的工艺。

3）掌握下钻和提升的阻力情况，选择合理的技术措施。

4）根据地层、地质情况确定复喷范围。

3　施工中发现喷粉量或喷浆量不足，应整桩复打，复打的量应不小于设计用量。中断施工时，应及时记录深度，并在12h内进行复打，复打重叠长度应大于1m；超过12h，应采取补桩措施。

4　加固土桩施工质量应符合表7.6.13的规定。

表 7.6.13　加固土桩施工质量标准

项次	检查项目	规定值或允许偏差	检查方法和频率
1	桩距（mm）	±100	尺量：抽查桩数的2%且不少于5点
2	桩径（mm）	≥设计值	尺量：抽查桩数的2%且不少于5点
3	桩长（m）	≥设计值	查施工记录
4	单桩每延米喷粉（浆）量	≥设计值	查施工记录
5	强度（MPa）	≥设计值	取芯法：抽查桩数的0.5%且不少于3根
6	地基承载力	满足设计要求	抽查桩数的0.1%且不少于3处

7.6.14　水泥粉煤灰碎石桩施工应符合下列规定：

1　集料可采用碎石或砾石，泵送混合料时砾石最大粒径宜不大于25mm，碎石最大粒径宜不大于20mm；振动沉管灌注混合料时，集料最大粒径宜不大于50mm。水泥宜选用32.5级普通硅酸盐水泥。粉煤灰宜选用Ⅱ、Ⅲ级粉煤灰。

2　施工前应进行成桩试验，成桩试验需要确定施工工艺、速度、投料数量和质量标准。

3　群桩施工，应合理设计打桩顺序、控制打桩速度，宜采用隔桩跳打的打桩顺序，相邻桩打桩间隔时间应不小于7d。

4　水泥粉煤灰碎石桩施工质量应符合表7.6.14的规定。

表 7.6.14　水泥粉煤灰碎石桩施工质量标准

项次	检查项目	规定值或允许偏差	检查方法和频率
1	桩距（mm）	±100	尺量：抽查桩数的2%且不少于5点
2	桩径（mm）	≥设计值	尺量：抽查桩数的2%且不少于5点
3	桩长（m）	≥设计值	查施工记录
4	强度（MPa）	≥设计值	取芯法：抽查桩数的0.5%且不少于3根
5	复合地基承载力	≥设计值	抽查桩数的0.1%且不少于3处

7.6.15　现浇混凝土大直径管桩施工应符合下列规定：

1　粗集料宜优先选用卵石。采用碎石时，宜适当增加含砂率。集料最大粒径宜不大于63mm。混凝土坍落度宜为80~100mm，在运输和灌注过程中无离析、泌水。

2　桩尖、桩帽混凝土强度等级宜不低于C30。桩尖表面应平整、密实，桩尖内外面圆度偏差不得大于1%，桩尖端头支承面应平整。

3　邻近有建筑物或构造物时，应采取有效的隔振措施。

4　群桩施工，应合理设计打桩顺序、控制打桩速度，防止影响邻桩成桩质量。

5　现浇混凝土大直径管桩施工质量应符合表7.6.15的规定。

表 7.6.15　现浇混凝土大直径管桩施工质量标准

项次	检 查 项 目	规定值或允许偏差	检查方法和频率
1	混凝土抗压强度（MPa）	在合格标准内	每根桩 2 组，每台班至少 2 组
2	桩距（mm）	±100	尺量：抽查桩数的 2% 且不少于 5 点
3	桩径（mm）	≥设计值	尺量：抽查桩数的 2%
4	桩长（m）	≥设计值	查成孔记录
5	竖直度（%）	1	查成孔记录
6	单桩承载力	满足设计要求	抽查桩数的 0.1% 且不少于 3 根
7	桩身完整性	无明显缺陷	低应变测试：抽查桩数的 10%

7.6.16　预制管桩施工应符合下列规定：

1　管桩堆放场地应平整、坚实，应有排水措施，不得产生不均匀沉陷。

2　施工前检查成品桩，先张法薄壁预应力混凝土管桩应符合现行《先张法预应力混凝土管桩》（GB 13476）、《先张法预应力混凝土薄壁管桩》（JC 888）的规定。

3　预制管桩宜采用静压方式施工，也可采用锤击沉桩方式施工。

4　桩的打设次序宜由路基中心线向两侧打设，由结构物向路堤方向打设。

5　沉桩过程中应严格控制桩身的垂直度。

6　每根桩宜一次性连续沉至设计高程，沉桩过程中停歇时间不应过长。

7　中止沉桩宜采用贯入度控制。

8　桩帽钢筋笼应插入管桩内，连接混凝土应与桩帽混凝土一起灌注。

9　预制管桩施工质量应符合表 7.6.16 的规定。

表 7.6.16　预制管桩施工质量标准

项次	检 查 项 目	规定值或允许偏差	检查方法和频率
1	桩距（mm）	±100	尺量：抽查桩数的 2% 且不少于 5 点
2	桩长（m）	≥设计值	尺量：抽查桩数的 2% 且不少于 5 点
3	竖直度（%）	1	抽查桩数的 2%
4	单桩承载力	满足设计要求	抽查桩数的 0.1% 且不少于 3 根
5	桩帽高度（mm）	+20，－10	尺量：抽查桩数的 2%
6	桩帽长度和宽度（mm）	+30，－20	尺量：抽查桩数的 2%
7	桩帽位置（mm）	50	尺量：抽查桩数的 2%

条文说明

桩的打设过程中会产生挤土效应，尽量先进行软基处理的桩基打设，再进行结构物基础施工。如先进行了结构物基础施工，打设顺序由结构物处向路堤方向打设，尽量减少对结构物基础的影响。如路基周边有建筑物，打设顺序由建筑物一侧向另一侧方向打设。必要时可采取减震沟、减震孔等措施。

7.6.17 强夯与强夯置换施工应符合下列规定：

1 强夯置换材料应采用级配好的片石、碎石、矿渣等坚硬的粗颗粒材料，粒径宜不大于夯锤底面直径的0.2倍，含泥量宜不大于10%，粒径大于300mm的颗粒含量宜不大于总质量的30%。

2 应采取隔振、防振措施消除强夯对邻近建筑物的有害影响。

3 施工前应选择有代表性并不小于500m^2的路段进行试夯，确定最佳夯击能、间歇时间、夯间距等参数。

4 夯点可采用正方形或等边三角形布置，间距宜为5～7m。在强夯能级不变的条件下，宜采用重锤、低落距。

5 强夯和强夯置换施工前应在地表铺设一定厚度的垫层。强夯施工垫层材料宜采用透水性好的砂、砂砾、石屑、碎石土等，强夯置换施工垫层材料宜与桩体材料相同。垫层宜分层摊铺压实。

6 施工前应检查锤重和落距，单击夯击能量应满足设计要求。

7 强夯施工结束30d后，应通过标准贯入、静力触探等原位测试，测量地基的夯后承载能力是否达到设计要求。

8 强夯置换施工结束30d后，宜采用动力触探试验检查置换墩着底情况及承载力，检验数量不少于墩点数的1%，且不少于3点。检查置换墩直径与深度，应满足设计要求。

7.6.18 软土地区路堤施工应符合下列规定：

1 软土地区路堤施工应尽早安排，施工计划中应考虑地基所需固结时间。

2 填筑过程中，应严格控制填筑速率，并应进行动态观测。

3 施工期间，路堤中心线地面沉降速率24h应不大于10～15mm，坡脚水平位移速率24h应不大于5mm。应结合沉降和位移观测结果综合分析地基稳定性。填筑速率应以水平位移控制为主，超过标准应立即停止填筑。

4 桥台、涵洞、通道以及加固工程应在预压沉降完成后再进行施工。

5 应按设计要求的预压荷载、预压时间进行预压。堆载预压的填料宜采用上路床填料，并分层填筑压实。

6 在软土地基上直接填筑路堤，应符合下列规定：

1）水面以下部分应选择透水性好的填料，水面以上可用一般土或轻质材料填筑。

2）填筑路基的土宜从取土场取用。在两侧取土时，取土坑距路堤坡脚的距离应满足路堤稳定的要求。

3）反压护道宜与路堤同时填筑。分开填筑时，应在路堤达到临界高度前完成反压护道施工。

条文说明

1 软土固结时间越长，工后沉降量越小，对提高公路质量有很大帮助，故需尽早安排。

7.6.19 旧路加宽软基处理应符合下列规定：

1 软基路段路基加宽台阶应开挖一层、填筑一层，上层台阶应在下层填筑完成后再开挖，台阶开挖应满足台阶宽度和新老路基处理设计要求。

2 确定加宽软基处理施工工艺和方案时，应考虑软基处理时挤土、震动对老路堤或邻近构筑物的影响。

3 施工期间应对旧路开挖边坡进行覆盖，并设置必要的临时排水设施。

4 旧路加宽路段应同步进行拼宽路基和老路基的沉降观测，观测点宜布置在同一断面上。观测点设置宜为老路路中、老路路肩、拼宽部分中部、拼宽部分外侧。老路路中、老路路肩沉降观测点设置可采用在路表埋设观测点的方法，拼宽部分宜采用埋设沉降板的方法。

7.6.20 路堤施工沉降和稳定观测应符合下列规定：

1 二级及二级以上公路路堤施工，应进行沉降和稳定的动态观测，观测项目、内容和频率应满足设计要求。

2 应观测地表沉降与地表水平位移，土体深层水平位移可根据工程需要确定是否观测，观测要求应符合表7.6.20的规定。

表7.6.20 沉降和稳定动态观测

观测项目	常用仪器	观测内容及目的
地表沉降量	沉降板	根据测定数据调整填土速率；预测沉降趋势，确定预压卸载时间和结构物及路面施工时间；提供施工期间沉降土方量的计算依据
地表水平位移量及隆起量	地表水平位移桩	监测地表水平位移及隆起，确保路堤施工的安全和稳定
土体深层水平位移	测斜仪	监测土体深层水平位移，推定土体剪切破坏的位置

3 观测仪器应在软土地基处理后埋设，并在观测到稳定的初始值后再进行路堤填筑。

4 地基条件差、地形变化大、差异变形大的部位应设置观测点。同一路段不同观测项目的测点宜布置在同一横断面上。

5 如地基稳定出现异常，应立即停止加载，分析原因并采取处理措施，待路堤恢复稳定后，方可继续填筑。

6 施工期间，应按设计要求进行沉降和稳定跟踪观测，观测频率应与路基（包括地基）变形速率相适应，变形大时应加密，反之亦然。填筑期每填一层应观测一次。两次填筑间隔时间长时，每3～5d观测一次。路堤填筑完成后，堆载预压期间第一个月宜每3d观测一次，第二、第三个月宜每7d观测一次，从第四个月起宜每15d观测一次，直至预压期结束。

7 各类观测点、基准点在观测期均应采取有效措施加以保护，并在标杆上涂设醒目的警示标志。

条文说明

1 软土地基上修筑公路路堤，最突出的问题是稳定和沉降。为掌握路堤在施工中的变形动态，施工期间需要进行动态观测。动态观测项目除设计有明确的要求外，一般视工程的重要性和地基的特殊性以及观测对施工的影响程度等来确定。高速公路、一级公路和二级公路设计车速高，路面平整性要求高，因此，施工过程中需要进行沉降和稳定观测，一方面保证路堤在施工中的安全和稳定，另一方面能正确预测工后沉降，使工后沉降控制在设计允许范围之内，同时也为路面的铺筑提供依据。

7.7 红黏土与高液限土地区路基

7.7.1 红黏土与高液限土具有膨胀性时，应按膨胀土路基施工要求控制。

7.7.2 红黏土与高液限土的适用范围应符合表 7.7.2 的规定。高填方、陡坡路基不宜采用红黏土与高液限土填筑；路基浸水部分、桥台背、挡土墙背、涵洞背等部位不得采用红黏土与高液限土填筑。

表 7.7.2 红黏土与高液限土的适用范围

高速、一级公路			二级公路			三、四级公路		
路床	上路堤	下路堤	路床	上路堤	下路堤	上路床	下路床	路堤
×	×	○	×	○	○	×	○	○
×	×	○	×	○	○	×	○	○

注：表中“○”为可用，“×”为不可用。

条文说明

红黏土与高液限土的天然含水率普遍高，模量与强度低。为此，高速公路、一级公路的路床和上路堤以及二级公路的路床采用砂砾、碎石等水稳性好的粗粒料填筑，以确保路基弯沉与模量符合要求。

7.7.3 红黏土与高液限土路基宜在旱季施工。路基填筑宜连续施工，碾压完一层经检测合格后随即进行下一层的摊铺，防止路基表面因水分蒸发而开裂。路基填筑施工间歇期长时，可采取顶层掺配不少于 30% 的碎石后碾压成形等防裂措施。顶层开裂明显的路基应重新翻拌碾压。

7.7.4 路基底部采用填石路堤基底时，填石料应水稳性好。填石料应从最低处开始沿路基横向水平分层填筑。

7.7.5 红黏土与高液限土的击实、CBR 试验应采用湿法试验。

条文说明

红黏土与高液限土烘干后将失去部分结合水，结合水失水后具有不可逆性。红黏土与高液限土的湿法击实试验所得的最大干密度小于干法，最佳含水率大于干法。湿法所得的CBR值大于干法，膨胀量小于干法。填料烘干后再掺水的情况在路基工程中并不存在，因此湿法试验所得的试验结果更符合工程实际。

7.7.6 红黏土与高液限土路基填筑前，应先铺筑试验路段，确定相应的施工工艺与压实标准。

7.7.7 红黏土与高液限土路堤宜采用轻型压路机碾压，压实标准应由试验路段结合工程经验确定，且满足压实度不得低于重型压实标准的90%。

条文说明

红黏土与高液限土的天然含水率普遍高，不适宜采用大吨位压路机碾压，过大的压实功破坏其结构性，工程上表现为“弹簧”。红黏土与高液限土的压实度主要取决于天然含水率，含水率低时，能够达到高的压实度；反之含水率高时，其压实度低，但此时路基土的饱和度高，透水性低，稳定性好，路基长期性能好。贵州、福建等省份根据当地的土质与工程特点编制颁布了相应的地方标准，可借鉴参考。

7.7.8 红黏土与高液限土路堤边坡防护可采用拱形护坡等常规的防护方式。

条文说明

红黏土与高液限土失水易开裂。工程调查表明，路堤层与层之间不完全连续，表层裂缝不会贯穿下面的土层，裂缝的影响范围有限，这是分层碾压后重塑土与原状土的差异。红黏土与高液限土路堤边坡的稳定性总体好，采用常规防护方式能够满足工程要求。

7.7.9 高速公路、一级公路红黏土与高液限土零填及挖方段可按下列方式换填处理：

1 宜将地表下1.5m范围内的石柱、石笋予以清除。

2 红黏土与高液限土厚度不大于1.5m时，应将红黏土与高液限土全部清除并换填。

3 红黏土与高液限土厚度大于1.5m时，应将路床范围内的红黏土与高液限土挖除并换填。

4 换填材料应采用砂砾、碎石等水稳性好的材料，填料粒径应符合表4.1.2的规定。

5 路堑路段开挖至底部后，应及时进行换填施工，否则宜在底面高程以上预留

300mm 的土层。

7.7.10 路堑边坡应按设计要求及时进行防护和综合排水施工。工程防护与生物防护相结合时坡率宜为 1∶1.25～1∶1.5；工程防护时坡率宜为 1∶1～1∶1.25；采用生物防护时坡率宜为 1∶1.75～1∶2。

条文说明

红黏土与高液限土路堑边坡在自然状态下极易坍塌，边坡的坍塌与坡率关系大。条文中的坡率是基于对国内多条高速公路红黏土与高液限土边坡坍塌的调查后总结得出的。

7.7.11 路堑边坡开挖后应及时进行防护，不得长时间暴露。坡脚应按设计要求及时施工支挡结构物。

7.7.12 施工期间坍塌的路堑边坡宜采用清方放坡或设置挡土墙进行处理。

7.8 膨胀土地区路基

7.8.1 膨胀土地区路基施工应符合下列规定：

1 宜在旱季施工，加强现场排水，基底和已填筑的路基不得被水浸泡。

2 路堑施工前，应先施工截水、排水设施，将水引至路幅以外。

3 应分段施工，各道工序应紧密衔接，连续施工，完成一段封闭一段。

4 大规模施工前应核实膨胀土的分布、数量与膨胀等级，明确其路用性能，施工过程中应及时关注膨胀土的变化。

5 膨胀土的击实、CBR 试验应采用湿法试验。

7.8.2 膨胀土分级应符合表 7.8.2 的规定。

表 7.8.2 膨胀土分级

分级指标	弱膨胀土	中等膨胀土	强膨胀土
自由膨胀率 F_S（40%）	$40 \leq F_S < 60$	$60 \leq F_S < 90$	$F_S \geq 90$
塑性指数 I_p	$15 \leq I_p < 28$	$28 \leq I_p < 40$	$I_p \geq 40$
标准吸湿含水率 w_f	$2.5 \leq w_f < 4.8$	$4.8 \leq w_f < 6.8$	$w_f \geq 6.8$

注：标准吸湿含水率指在标准温度（通常 25℃）和标准相对湿度（通常为 60%）时，膨胀土试样恒重后的含水率。

7.8.3 膨胀土作为路基填料时应符合下列规定：

1 中等膨胀土、弱膨胀土的适用范围应符合表 7.8.3 的规定。膨胀土掺拌石灰改良后可用作路基填料，掺灰处置后的膨胀土不宜用于高速公路、一级公路的路床和二级公路的上路床。

2 高填方、陡坡路基不宜采用膨胀土填筑。

3 强膨胀土不得作为路基填料。

4 路基浸水部分不得用膨胀土填筑。

5 桥台背、挡土墙背、涵洞背等部位严禁采用膨胀土填筑。

表 7.8.3 中等膨胀土、弱膨胀土的适用范围

位置	公路等级		
	高速、一级公路	二级公路	三级公路
上路床	—	—	—
下路床	—	—	弱
上路堤	—	中、弱	中、弱
下路堤	中、弱	中、弱	中、弱

条文说明

膨胀土一般天然含水率高，结块成团，掺灰处理难以拌和均匀，因此做出本条规定。

7.8.4 二级及二级以上公路路堤填土高度小于路床厚度时，应按路床要求进行处理。

7.8.5 试验路段铺筑应符合下列规定：

1 膨胀土路基填筑前，应先铺筑试验路段，总结施工工艺与压实标准。

2 应将试验路段测定的含水率、压实度与室内试验结果进行对比分析，采用插值方法确定现场路基的 CBR 值。应根据路基不同层位对 CBR 值的要求，确定膨胀土的可用范围、碾压含水率、施工工艺和压实标准等。

3 采用掺灰处理的膨胀土，应根据设计掺灰量进行灰土的击实试验。击实试验的掺灰方法、掺灰间隔时间、闷料时间等制件步骤应与现场实际施工状况一致。

4 应通过施工总结，确定掺灰工艺，掺灰间隔时间，闷料时间，土块粉碎、翻拌设备与工艺要求，土块粒径控制和碾压遍数等。

条文说明

掺灰处理时，素土与灰土的最大干密度差异大，因此需要进行灰土的击实试验，以确定灰土的压实标准。膨胀土掺石灰后，土与石灰在化学与物理化学作用下，进行离子交换作用、碳酸化作用、结晶作用、灰结作用，随着时间的延长，混合料中的钙、镁含量要衰减，最终为零，灰土的干密度也会随之衰减，而灰土的强度随之增大。考虑到石灰改良膨胀土成形后压实度会随着龄期的增长而降低，试验段必要时可做压实度随龄期的变化曲线，为以后抽检提供相应的龄期压实度检测标准。

7.8.6 物理改良的膨胀土路基填筑工艺应符合下列规定：

1 位于斜坡路段的膨胀土路基应从最低处开始逐层填筑。当沟底有涵洞等结构物时，应在结构物两侧对称进行填筑。

2 碾压时填料的含水率应符合试验段确定的范围，稠度宜控制在1.0～1.3之间。

3 每层厚度不得大于300mm。

4 采取包边处理时，应先填筑非膨胀性包边土或石灰处置后的膨胀土，然后再填筑膨胀土，两者交替进行。包边土的宽度宜不小于2m，以一个压路机宽度为宜。

5 路床采用粗粒料填筑时，应在膨胀土顶面设置3%～4%的横坡，并采取防水隔离措施。

条文说明

斜坡路段的膨胀土软弱地基稳定性相对低，沟底设置有涵洞等结构物时，由于涵洞施工需要时间与工作面，有时在涵洞两侧的斜坡上先填筑路基，即使路基填料是非膨胀土，在填筑速度快时也可能导致膨胀土地基的整体滑移，这方面的工程案例时有发生，需要引起重视。

7.8.7 掺灰处理膨胀土时，若土的天然含水率偏高，宜采用生石灰粉处置，掺石灰宜分两次进行。拌和深度应达到该层底部，拌和后的土块粒径应小于37.5mm。

条文说明

第一次掺石灰是为"砂化"降低塑性指数，便于粉碎；第二次掺石灰是为提高强度，控制膨胀量。两次掺灰拌和有利于拌和均匀。

7.8.8 路基完成后，应做封层，其厚度应不小于200mm，横坡应不小于2%。

7.8.9 物理处置的膨胀土填筑时的压实度标准应根据试验路段与各地的工程经验确定，且压实度应满足不低于重型压实标准的90%。化学处置后填筑的中等膨胀土、弱膨胀土路基的压实度应符合表4.4.3的规定。

7.8.10 填筑膨胀土路堤时，应及时对路堤边坡及顶面进行防护。

7.8.11 路堑开挖应符合下列规定：

1 边坡施工过程中，必要时可采取临时防水封闭措施保持土体原状含水率。

2 边坡不得一次挖到设计线，应预留厚度300～500mm，待路堑完成后，再分段削去边坡预留部分，并立即进行加固和封闭处理。

7.8.12 路堑边坡防护应符合下列规定：

1 路堑边坡防护施工应根据施工能力，分段组织实施。

2 采用非膨胀土覆盖置换或设置柔性防护结构进行防护时，边坡覆盖置换厚度应不小于2.5m并满足机械压实施工的要求，压实度应不小于90%。覆盖置换层与下伏膨胀土层之间，应设置排水垫层与渗沟。

3 采用植物防护时，不应采用阔叶树种。

4 圬工防护时，墙背应设置缓冲层，厚度应不大于0.5m。支挡结构基础应大于气候影响深度，反滤层厚度应不小于0.5m。

5 路堑边坡防护的防渗层、排水垫层、渗沟、反滤层、圬工结构等不同类型的结构施工工艺应符合本规范其他章节的相应规定。

7.8.13 零填和挖方路段路床应符合下列规定：

1 高速公路、一级公路零填和挖方路段路床0.8~1.2m范围的膨胀土应进行换填处理，对强膨胀土路堑，路床换填深度宜加深到1.2~1.5m。在1.5m范围内可见基岩时，应清除至基岩。

2 二级公路、三级公路的零填和挖方路段路床0.3m范围的膨胀土应进行换填处理。换填材料为透水性材料时，底部应设置防渗层。二级公路强膨胀土路堑的路床换填深度宜加深至0.5m。

3 路堑超挖后应及时进行换填，不得长时间暴露。

7.9 黄土地区路基

7.9.1 施工前应核对湿陷性黄土的分类区段、基底处理种类并进行确认与标识，编制专项施工方案。

7.9.2 路基边坡坡率应符合要求，坡面应顺适平整，防护及支挡工程施工应与路堤填筑和路堑开挖施工合理衔接。排水沟渠铺砌加固时，应对基底采用夯实或掺石灰夯实的方法进行处理，压实度应达到90%以上。

7.9.3 湿陷性黄土地基处理应符合下列规定：

1 基底为非自重湿陷性黄土地基时，地表处理应符合本规范第3.4节的相关规定。

2 湿陷性黄土地基处理前，应完成截水及临时排水设施，并应完成路堤基底的坑洞和陷穴回填。低洼积水地段或灌溉区的路堤两侧坡脚外5~10m范围内，应采用素土或石灰土填平并压实，并应高出原地表200mm以上，路基两侧不得积水。

3 地基处理方法均应进行试验段施工。基底处理场地附近有结构物时，场地边缘与结构物的最小水平安全距离应满足规定要求。冲击碾压或强夯处理段，地基土的压实度、压缩系数和湿陷系数应在施工结束7d后进行检测，强度检验应在15d后进行。

4　地基处理所用原材料应满足设计要求。石灰宜采用Ⅲ级及以上等级的消石灰；水泥宜选用32.5级以上的普通硅酸盐水泥；土料宜采用塑性指数为7～15的不含有机质的黏质土，土块粒径宜不大于15mm。

5　换填法处理湿陷性黄土地基时，宜采用石灰土垫层或水泥土垫层，也可采用素土垫层。石灰土垫层宜采用磨细生石灰粉，石灰剂量或水泥剂量应满足要求。垫层应分层摊铺碾压，每层厚度宜不大于300mm，压实度应符合所在部位的标准要求。

6　冲击碾压法处理湿陷性黄土地基时，冲压处理的施工长度应不小于100m；与结构物的安全距离不满足要求时宜开挖隔震沟；地基土的含水率应控制在最佳含水率±3%范围内；应采用排压法进行冲压；过程中应对地基的沉降值、压实度进行检测。

7　强夯法处理湿陷性黄土地基时，同一强夯能级宜采用重锤、低落距的方式进行；地基土的含水率宜控制在8%～24%之间；宜分为主夯、副夯、满夯三遍实施，两遍夯击之间宜有一定的时间间歇；夯点的夯击次数应按试夯得到的夯击次数和夯沉量关系曲线确定；与结构物安全距离不满足要求时应开挖隔震沟。

8　挤密桩法处理湿陷性黄土地基，深度在12m之内时，宜采用沉管法成孔，超过12m时，可采用预钻孔法进行成孔；石灰土挤密桩不得采用生石灰；干拌水泥碎石挤密桩所用石屑粒径宜为0～5mm，碎石粒径宜为5～20mm，含泥量应不大于5%；填料前应夯实孔底；成桩回填应分层投料分层夯击，填料的压实度宜不小于93%；挤密桩完成后，应及时进行桩顶石灰土垫层的施工。

9　采用桩基础法进行湿陷性黄土地基处理时，桩顶的桩帽应采用水泥混凝土现场浇筑，桩顶进入桩帽的长度宜不小于50mm；桩帽顶的加筋石灰土垫层应及时施工，土工格栅应采用绑扎连接，铺设时应拉紧并锚固，铺设后应及时用石灰土覆盖；过程中应对桩位偏差、桩体质量、桩帽质量、土工格栅的原材料及铺设质量、垫层的质量进行检验；有要求时应进行单桩承载力试验，预制桩应在成桩15d后进行，灌注桩应在成桩28d后进行。

条文说明

2　水是造成黄土湿陷的主要诱因，湿陷性黄土地区要特别注意防止水的渗入。

3　地基处理是湿陷性黄土地段的重要工作。常用的湿陷性黄土的处理方法有换填垫层法、冲击碾压法、强夯法、挤密桩法和桩基础法等。

7　强夯的停夯标准：在最后一击的夯沉量小于上一击的夯沉量的前提下，见表7-1。

表7-1　强夯停夯标准

单击夯击能（kN·m）	最后两击的平均夯沉量（mm）
<2 000	≤50
2 000～4 000	≤100
>4 000	≤200

9 桩基础的种类包括非挤土成桩、干作业非挤土成桩、泥浆护壁部分挤土成桩、灌注桩部分挤土成桩、预制桩挤土成桩、预制桩。

7.9.4 黄土陷穴处理应符合下列规定：

1 路堤坡脚线或路堑坡顶线之外，原地表高侧80m范围内、低侧50m范围内存在的黄土陷穴宜进行处理，对串珠状陷穴与路堑边坡出露陷穴应进行处理，对规定距离以外倾向路基的陷穴宜进行处理。

2 陷穴处理前，应对流向陷穴的地表水和地下水采取拦截引排措施。

3 采用灌砂法处理的陷穴，地表下0.5m范围内应采用6%～8%的石灰土进行封填并压实。

4 对危及路基安全的黄土陷穴，应根据其埋藏深度和大小选用适当的方法进行处理。常用处理方法可参考表7.9.4选用。

5 处理后仍暴露在外的陷穴口，应采用石灰土等不透水材料进行防渗处理，防渗层厚度应不小于500mm，穴口表面应高于周围地面。

表7.9.4 陷穴处理方法

处理方法	回填夯实	明挖回填夯实	开挖导洞或竖井回填夯实	注浆或爆破回填	灌砂
适用条件	明陷穴	陷穴埋藏深度≤3m	3m < 陷穴埋藏深度≤6m	陷穴埋藏深度 > 6m	陷穴埋藏深度≤3m，直径≤2m，洞身较直

条文说明

黄土经水冲蚀形成的暗沟、暗洞、暗穴等统称陷穴，陷穴一般呈竖井状及串珠状。陷穴处理是黄土地区特有的工作。水是陷穴形成的主要因素，需彻底阻断来水。

7.9.5 黄土路堤填筑应符合下列规定：

1 黄土填料应符合表4.4.3的规定。当CBR值不满足要求时，可掺石灰进行改良。

2 黄土不得用于路基的浸水部位，老黄土不宜用作路床填料。

3 填挖结合处应清除表层土和松散土层，顶部宜开挖成高度不大于2m、宽度不小于2m的多层台阶，并应对台阶进行压实处理。

4 黄土碾压时的含水率宜控制在最佳含水率±2%范围内。

5 路床区换填非黄土填料时，应按本规范第4.4节的要求执行。

6 雨水导致的边坡冲沟应挖台阶夯实处理。

7 高路堤应采用冲击碾压或强夯方式进行补充压实。

条文说明

2 Q1和Q2老黄土的透水性差，大块土料不易粉碎，因此路床部分不宜采用。

3　黄土地区沟壑纵横，黄土又有很好的直立性，自然沟坎大多壁陡沟深，因此要求在填挖结合处顶部开挖台阶。

7.9.6　黄土路堑施工应符合下列规定：

1　施工前应对路堑顶两侧有危害的黄土陷穴进行处理，堑顶的裂缝和积水洼地应填平夯实，地表平坦或自然坡倾向路基时应在堑顶设置防渗截水沟或拦水埂。

2　接近路床高程时宜顺坡开挖。路床需要处理时，应在处理后进行成形层施工。

3　施工中应记录坡面的地层产状及地下水出露情况，存在不利于边坡稳定的状况或发现边坡有变形加剧迹象时，应及时反馈处理。

4　路基边沟宜在基底处理后、路床成形层施工前完成。

7.9.7　黄土填筑的高路堤、陡斜坡地段的路堤、湿陷性黄土地基上的路堤、深路堑段的边坡及坡顶宜进行沉降及位移监测。监测点的布置、观测频率及监测期应符合要求。有要求时应对深路堑边坡的深层进行变形监测。

7.10　盐渍土地区路基

7.10.1　原地面和基底处理应符合下列规定：

1　路基填筑前应对照设计资料，复测基底表土的含盐量和含水率，明确地下水位，与设计资料不符时应反馈处理。

2　应将浅层地表盐壳清除干净，并碾压密实。

3　过湿或积水的洼地、软弱地基，应做好排水，进行清淤换填、强夯置换、碎石桩等地基处理。

4　干涸盐湖地段填筑路堤可利用岩盐作为填料。发育有溶洞、溶塘、溶沟的地段应换填砂砾、风积沙、片卵石或盐盖等材料。

7.10.2　路堤填料应符合下列规定：

1　盐渍土应根据含盐性质和盐渍化程度按表7.10.2-1、表7.10.2-2进行分类。

表7.10.2-1　盐渍土按含盐性质分类

盐渍土名称	离子含量比值	
	Cl^-/SO_4^{2-}	$(CO_3^{2-}+HCO_3^-)/(Cl^-+SO_4^{2-})$
氯盐渍土	>2	—
亚氯盐渍土	1~2	—
亚硫酸盐渍土	0.3~1.0	—
硫酸盐渍土	<0.3	—
碳酸盐渍土	—	>0.3

注：离子含量以1kg土中离子的毫摩尔数计（mmol/kg）。

表 7.10.2-2　盐渍土按盐渍化程度分类

盐渍土类型	细粒土土层的平均含盐量（以质量百分数计）		粗粒土通过1mm筛孔土的平均含盐量（以质量百分数计）	
	氯盐渍土及亚氯盐渍土	硫酸盐渍土及亚硫酸盐渍土	氯盐渍土及亚氯盐渍土	硫酸盐渍土及亚硫酸盐渍土
弱盐渍土	0.3～1.0	0.3～0.5	2.0～5.0	0.5～1.5
中盐渍土	1.0～5.0	0.5～2.0	5.0～8.0	1.5～3.0
强盐渍土	5.0～8.0	2.0～5.0	8.0～10.0	3.0～6.0
过盐渍土	>8.0	>5.0	>10.0	>6.0

注：离子含量以100g干土内的含盐总量计。

2　盐渍土路堤填料应符合表7.10.2-3的规定。

表 7.10.2-3　盐渍土用作路基填料的可用性

土类	盐类	盐渍化程度	高速、一级公路			二级公路			三、四级公路	
			路床	上路堤	下路堤	路床	上路堤	下路堤	路床	上路堤
细粒土	氯盐渍土	弱盐渍土	×	○	○	○	○	○	○	○
		中盐渍土	×	×	○	×	▲[2]	○	×	○
		强盐渍土	×	×	×	×	×	▲[3]	×	▲[3]
		过盐渍土	×	×	×	×	×	▲[3]	×	×
	硫酸盐渍土	弱盐渍土	×	×	○	×	○	○	▲[2]	○
		中盐渍土	×	×	×	×	×	○	×	▲[2]
		强盐渍土	×	×	×	×	×	×	×	×
		过盐渍土	×	×	×	×	×	×	×	×
粗粒土	氯盐渍土	弱盐渍土	▲[1]	○	○	○	○	○	○	○
		中盐渍土	×	▲[1]▲[2]	○	▲[1]	○	○	○	○
		强盐渍土	×	×	○	×	▲[3]	○	×	○
		过盐渍土	×	×	×	×	×	▲[3]	×	▲[3]
	硫酸盐渍土	弱盐渍土	▲[1]▲[2]	○	○	▲[1]	○	○	○	○
		中盐渍土	×	×	○	×	○	○	▲[1]	○
		强盐渍土	×	×	×	×	×	▲[1]	×	▲[3]
		过盐渍土	×	×	×	×	×	×	×	×

注：表中“○”为可用，“×”为不可用。

▲[1]：除细粒土质砂（砾）以外的粗粒土可用。

▲[2]：地表无长期集水、地下水位在3m以下的路段可用。

▲[3]：过干旱地区经论证可用。

3　应清除料场地表不满足设计要求的土。料场土的含水率过高时，应结合地形及实际情况开挖临时排水沟或拦水坝，排除及拦截地表水，降低地下水位；或采用挖槽、翻摊晾晒的方法降低含水率。

4　填料不得夹有草根、盐块及其他杂物，有机质含量宜不大于1%。

5　同一料源时，路床填料每5 000m^3、路堤填料每10 000m^{3}应做一组含盐量测试，不同料源应分别测试。

6　利用石膏土作填料时，应先破坏其蜂窝状结构，石膏含量一般不予限制，但应确保压实度。

7.10.3　路堤填筑应符合下列规定：

1　沿线路侧取土坑应按设计要求做好排水，并符合环保要求。

2　盐渍土路堤应分层填筑压实，松铺厚度宜不超过300mm，碾压时宜按最佳含水率±2%控制。粗粒土的压实层厚宜不超过300mm，风积沙的压实层厚宜不超过400mm。雨天不宜施工。

3　桥、涵两侧台背不宜采用盐渍土填筑。

4　盐渍土的压实标准应符合表4.4.3的规定。

5　盐渍土路堤的施工，应从基底处理开始连续施工。在设置隔断层的地段，宜连续填筑到隔断层的顶部。

6　地下水位高的黏性盐渍土地区，宜在夏季施工；砂性盐渍土地区，宜在春季和夏初施工；强盐渍土地区，宜在表层含盐量低的春季施工。

7　设有护坡道的路段，护坡道也宜分层填筑，压实度应不小于90%。

7.10.4　土工合成材料隔断层应符合下列规定：

1　土工合成材料应符合设计与现行《公路土工合成材料应用技术规范》（JTG/T D32）的有关规定。

2　路基表面平整度与横坡应符合要求。路基表面不得有尖硬棱角的碎、砾石块凸出，以免扎破土工膜。

3　土工合成材料应按路基横断面的宽度全断面铺设，铺设平展紧贴下承层，不得有褶皱。铺筑后应检查破损状况，对破损处应在上面加铺大小能防止破损处漏水的土工合成材料进行补强。

4　土工合成材料铺设完成后，严禁行人、牲畜和各种车辆通行，并应及时填筑上层路基，避免阳光暴晒。

5　在土工膜上填筑粗粒土的路段，应设上保护层，上保护层厚度宜不小于200mm。保护层摊平后先碾压2～3遍，再铺一层粗粒土，与上保护层一起碾压，两者的厚度之和应不超过400mm。

7.10.5　砂砾、碎石隔断层应符合下列规定：

1　反滤层宜采用具有渗透功能的土工织物。

2　砂砾、碎石隔断层应先铺设包边砂砾土，再全层一次铺填，路拱横坡应为2%～5%。

3　砂砾、碎石隔断层压实应由路基两侧向中间碾压。

7.10.6　风积沙隔断层应符合下列规定：

1　厚度宜不小于400mm，粉黏粒含量应在5%以下。

2　填筑与压实可采用干压实工艺，压实度应符合表4.4.3的规定。

3　设计厚度大于600mm时，应采用分层填筑，每层松铺厚度宜为300～400mm；设计厚度不大于600mm时，可一次全厚度填筑。

7.10.7　土质路堑的路床换填时，填料应符合本规范第7.10.2条的规定。

7.10.8　路基排水应符合下列规定：

1　施工中应及时合理地布置好排水系统，路基及其附近不得有积水。

2　在排水困难地段或取土坑有被水淹没可能时，应在路基一侧或两侧取土坑外设置高度不小于0.5m、顶宽不小于1m的纵向护堤。

3　在地下水位高地段，除应挡导表面水外，还应加深两侧边沟或排水沟。

7.11　多年冻土地区路基

7.11.1　多年冻土地区路基施工应符合下列规定：

1　应结合高原缺氧、高寒、多年冻土和环境保护的特点，编制施工组织设计。

2　高含冰量冻土地段开挖宜在寒季进行，基底和边坡换填及保温层等施工宜在6月底前完成。寒季进行路堤施工时，填料应采取有效的保温措施。

3　路基施工前应形成有效的临时排水系统，路基两侧100m范围内不得有常蓄性地表水。

4　隧道弃渣和路堑挖方为少冰冻土、多冰冻土时，融化后符合填料要求的，可用于路基或保温护道的填筑。

5　泥炭土、草皮、黏质土、有机质土和冻土块不得用于路堤填筑。

6　清表产生的草皮与腐殖土宜选址堆放，并进行覆盖与洒水养护，应及时将草皮用于路基边坡防护与取土坑的回填覆盖绿化。

条文说明

温度高的地表水下渗会导致冻土融化，因此条文规定在路基施工前先做好排水系统，防止路基施工改变原有水系，引起路基附近范围内的冻土融化，从而影响路基稳定。

7.11.2　多年冻土地区路堤施工应符合下列规定：

1　路堤填筑宜在暖季进行。厚层地下冰地段宜寒季施工，填筑时不得有积雪。

2　路堤填料应集中取土，不得在路基两侧随意取土。在融沉和强融沉分布地段，取土场与路堤坡脚间的距离不得小于200m。

3 填土护道应及时碾压，压实度应达到80%以上，护道应与路堤主体工程同步施工。

条文说明

取土坑取土后，往往成为积水坑，对附近冻土的融化产生很大影响。为避免冻土融沉对路基的影响，条文对融沉和强融沉多年冻土分布地段的取土坑距路基距离作了明确规定。

7.11.3 多年冻土地区路堑施工应符合下列规定：

1 路堑施工应采取隔水、排水、换填和设置保护层等措施。

2 路堑段路床换填材料为粗粒土时，宜在寒季施工；换填其他填料时，宜在暖季施工。

3 开挖至换填层位时，应对暴露的冰层采取“昼盖夜开”的遮挡防护措施。暖季开挖的路堑在清方成形后，换填部位应及时回填。

4 深路堑施工过程中应监控开挖面冻土的融化情况，并采取必要的冷却措施。

7.11.4 隔热层铺设应符合下列规定：

1 隔热层的铺设应在下垫层高程和压实度等符合设计要求后进行，并根据设计拼接方式进行拼接。

2 施工机械不得直接在铺好的隔热板上碾压，隔热层上填料摊铺达到最小压实厚度200mm后，方可用压路机压实。

7.11.5 通风管安装应符合下列规定：

1 通风管的断面尺寸、材料强度应满足设计要求。

2 通风管纵向间距应满足设计要求，底部宜高出原地面0.5~0.7m。

3 通风管应采用反开槽法安装，开挖前路堤应填筑至通风管顶面设计高程200mm以上。

4 安装通风管的沟槽可采用中粗砂回填，并用小型压路机或平板夯压实。

5 路基完工后应对通风管进行人工清理，管内不得留有碎石等杂物。

条文说明

通风管的主要作用是将道路吸收的热量通过通风管的气流带走，防止传入地下，从而影响冻土稳定，因此通风管不要求高出地表太多。通风管的通风效果与其横坡、主风向相交角度等因素相关。

7.11.6 热棒安装应符合下列规定：

1 热棒临时存放时，应远离火源；露天存放时，宜进行覆盖。

2 热棒应在路基施工结束、路基两侧边坡平整处理后采用工程钻机安装。

3 钻孔施工完成后应及时进行热棒安装。

4 热棒吊装入孔后，应及时用砂土回填密实。

7.11.7 高含冰量冻土地段挡土墙的施工宜在寒季进行，并应连续施工。基础施工完成后，应立即回填。基坑开挖后，发现基础全部或部分埋在纯冰或含土冰层上时，应进行特殊处理。基础完工后应立即回填夯实。

7.11.8 多年冻土地区二级及二级以上公路应按设计要求进行地温与路基变形监测。

7.12 风沙地区路基

7.12.1 施工准备应符合下列规定：

1 风积沙填料的最大干密度应采用重型击实试验方法确定。

2 清表时不得破坏红线以外的植被和地表硬壳。清表产生的草皮土、腐殖土应集中堆放。

3 应保护测量用控制桩和红线界桩，并设置明显标识。

4 应采用高效、耐高温、具有防风沙性能的施工机械。

条文说明

2 草皮土、腐殖土可用来覆盖使用后的取土场和弃土场。

4 风积沙粒径极细，易导致机械磨损，因此对施工机械的密封性要求高。

7.12.2 取土场和弃土场设置应符合下列规定：

1 应利用挖方的合格材料作为填料，且应使调配方案经济合理。

2 应选择主风向上风侧的沙丘、沙包作为取土场。路侧取土时，取土坑应设在背风侧坡脚5m以外。

3 不宜在丘间洼地路段就近取土；不宜在粗沙平地内取土；不得在有植被和地表硬壳的地方设置取土场、弃土场。

4 弃土场应设置在主风向背风侧的低洼处。

5 取土场、弃土场在取土、弃土结束后应大致整平并应进行表面防护。

7.12.3 路基施工应符合下列规定：

1 施工作业宜在风速小时进行，遇到大风天气时，应停止开挖和填筑作业。

2 风积沙填料内不得含有杂草、有机质、黏土块等有害物质，填筑前应进行基底处理并压实。

3 当路堤基底或路堑路床底部为淤积粉质土需要换填时，换填的风积沙厚度应不小于500mm，风积沙中小于0.075mm颗粒含量应小于10%。

4 路堤填筑前应对拟采取的各种施工方案进行试验路段施工，各种方案的试验路段长度应不小于100m，正式施工应按试验路段选择的方案进行。

5 路堤应按由低向高、水平分层、逐层上料、逐层整平、逐层碾压的方式进行填筑，填挖结合区应予压实。有包边土的路基，应先逐层施工两侧的包边土。

6 路堑施工前应核实确认土方的调配方案，应按设计的形状尺寸进行开挖，挖方应调运到指定的填方段或弃土场。

7 上路床为石灰稳定土时，可采用路拌法或场拌法进行施工。

8 路基完成后应对路基边坡进行整修并施作防护及防沙工程。

7.12.4 路基压实应符合下列规定：

1 风积沙天然含水率小于2%时，宜采用振动干压实的方法逐层进行初压和终压。

2 供水方便且风积沙天然含水率大于2%时，宜采用洒水压实法逐层进行碾压或采用水沉法逐层进行密实。

3 路基顶层终压宜在土工布及封层或路面底基层铺设后采用重型振动压路机振动碾压。

4 路基压实度应符合表4.4.3土质路基压实度标准的规定，不符合规定处应进行补压处理。本层压实度检测困难时，可采用填上层检下层的方式进行检测。

5 压实度检测宜采用环刀法进行，采用密度仪法进行检测时，应对密度仪进行标定且与环刀法进行对比。

条文说明

压实方法要根据当地的水源条件和风积沙的天然含水率情况进行选择。振动干压实时，层厚一般控制在400~500mm。

振动干压实法的每层初压：用推土机碾压2遍即可。

振动干压实法的每层终压：当压路机可直接在沙漠路基上行走时，每层终压直接用重型振动压路机进行，边部一般采用静压方式进行；当压路机无法直接在沙漠路基上行走时，每层终压仍用推土机进行，一般再碾压3遍即可。

7.12.5 土工合成材料铺设应符合下列规定：

1 路基顶层设置土工布时，应在路基达到设计高程经调平复压后展铺，土工布铺设时应拉紧张平并应采用压路机静压，展铺长度分段宜不大于500m，展铺后非作业设备不得在土工布上行驶。

2 土工布搭接宽度横向应不小于400mm，纵向应不小于500mm，搭接部位应可靠连接。

3　土工布铺设后应立即采用封层料或路面底基层材料进行覆盖，覆盖材料上料时车辆不得在土工布上直接行驶和掉头。

4　路基顶部或高路堤内铺设土工格栅或土工格室时，应按设计的类型、位置和范围进行铺设。

5　土工布、土工合成材料质量应符合设计及现行有关标准的要求。

6　土工合成材料应遮盖存放，铺好的合成材料宜在当日覆盖。

条文说明

在沙基上铺设土工合成材料，可起到加固沙基的作用，能有效阻止沙基在荷载作用下的变形，也能方便施工。

7.12.6　防护工程及防沙工程施工应符合下列规定：

1　路基成形段的防护工程及防沙工程宜在少风、小风速或雨季时集中施工，应在大风季节来临前配套完成。

2　上风侧的防沙工程宜先于路基施工，也可在路基完成后两侧同时施工。

3　阻沙工程宜先于固沙工程施工，也可同步施工。

4　防沙工程的种类、形式、形状尺寸、所用材料及其质量应符合要求。

条文说明

防沙工程包括阻沙工程（防护带外缘设置）、固沙工程（防护带内侧设置、路基边坡防风蚀）、输沙工程（合理的断面及平顺光滑的路面使风沙流非堆积通过）等。

7.12.7　阻沙栅栏应沿沙丘主梁或副梁设置，应位于迎风坡距脊线 1.0 ~ 1.5m 处，栅栏立柱间距应在地形起伏大的段落适当加密，栅栏底部与地面应密贴无空隙。

条文说明

将风动沙流阻止在距公路一定距离之外的措施称为阻沙工程。阻沙一般采用各种沙障进行。沙障形式有栅式、墙式、堤式、带式等，常见的为栅式沙障，包括芦苇栅栏、尼龙网栅栏及枝条栅栏等。

7.12.8　固沙工程施工应符合下列规定：

1　固沙工程施工前应平整沙面。

2　采用天然砂砾、盐盖、黏土等覆盖沙面时，料块粒径宜不大于 60mm，厚度宜在 20 ~ 100mm 之间。

3　柴草类覆盖沙面时应将各种草类秸秆或枝条截成 300 ~ 500mm 长的短节，短节柴草平铺后应灌沙并捣实，也可将柴草扎成束把状固定平铺。

4　柴草类固沙方格施工时，应将短节柴草插入沙土中固定，插入深度及外露高度应符合要求。土类固沙方格的土埂高度应符合要求。方格应纵横成行、线条清晰。

5　植物固沙法的树苗或灌木种类、种植间距及布置形式应符合要求。

条文说明

防止沙体流动的措施，称为固沙工程。固沙方法有如下几类：

(1) 覆盖沙面法：包括柴草类覆盖沙面和土类（黏土、盐盖、砾卵石）覆盖沙面；

(2) 沙障固沙法：包括柴草类固沙方格、土类固沙方格；

(3) 化学固沙法：包括沥青类（沥青沙）固沙、固沙剂固结沙面；

(4) 土工沙袋固沙法：有鳍沙袋、无鳍沙袋；

(5) 土工格室固沙法：土工方格沙障；

(6) 生物固沙法：采取滴灌等措施建造人工生态林法等。

7.12.9　采取输沙措施的路段，应铲除路基两侧 20～30m 范围内的凸起物和其他障碍物，并应进行场地平整。防火隔离带内的易燃物应予清除。

7.13　雪害地段路基

7.13.1　施工前应对公路沿线雪害的类型、范围、规模、分布位置及当地防治经验等进行调查核对，并应核查工程地质和水文地质变化，制订合理的施工方案。

7.13.2　路基两侧 20m 范围内不得设取土坑，不得堆放弃土和废渣。应保护路基两侧地表植被和自然景观，减少施工引起地貌变化而造成积雪的公路雪害。

7.13.3　积雪地段路基宜选用水稳性好的砂砾土作为填料。

7.13.4　在融雪前，应疏通路基的排水系统，保证融雪水顺畅排出。

7.13.5　路基排水设施、坡面防护应及时施作，应充分考虑冻胀和春季融雪水渗透对路基稳定和边坡坡面的影响。

7.13.6　积雪地段路基防护砌筑工程应满足设计要求，砌筑片石、块石、砌筑砂浆应符合抗冻要求。砂浆强度应不低于 M10，且应密实、饱满，达到设计强度的 70% 前不得受冻。采用干砌时，应采用大块石砌筑。

7.13.7　雪崩地段路基施工应符合下列规定：

1　应配备专门的观测仪器和人员进行监测，及时预警山体塌方、碎石滚落、降雨降雪天气、大量地下水涌出等情况。

2 应及时监测和预防施工机械运转震动造成的坍塌、碎落及山体滑坡。

3 在同一个雪崩区，防雪工程应从雪崩源头开始施工，上一个单项工程完成后方可开始相邻的下一个单项工程施工。

4 挖方施工时，应沿等高线开挖水平台阶，按从上到下的顺序开挖台阶，废方堆于台阶下方。

5 稳雪栅栏应沿等高线设置。稳雪栅栏宜设置多排，最高一排栅栏应在雪崩裂点附近及雪檐下方，应保证基础的稳定性及锚固钢筋的锚固要求，回填土压实度应不小于96%，栅栏与坡面的交角应严格按设计要求施工。

6 防雪林的布设应从雪崩源头开始到雪崩运动区，从上到下分期种植适合当地环境的速生树种。

7 修筑钢筋混凝土或浆砌圬工防雪走廊时，原地基及回填土压实度应不小于96%。墙后填土应与山坡相顺接，应做好结构物的防水、排水及抗冻融。

7.13.8 风吹雪地段路基施工应符合下列规定：

1 路基两侧距边坡坡脚不小于30m范围内的障碍物应清除，并对地表进行整平，必要时应设置防雪设施。

2 应根据当地主风向、风速等情况选择取土坑的位置。在单一风向的路段，取土坑宜设在路堤背风侧，与路堤边坡坡脚距离宜不小于50m。在有两向交替风作用的路段，宜集中设置取土坑，与路堤边坡坡脚距离宜不小于100m，施工完成后应将其边坡修成缓坡，使其平行于主风向的断面平顺通畅。必要时取土坑也可用作储雪场。

3 风吹雪路段路基弃方应弃至背风坡一侧，距路基坡脚或路堑坡顶的距离应不小于100m，并应整理平顺。

4 石方路堑和积雪平台超挖处理应符合下列规定：

1）超挖回填部分应选用水稳性和抗冻融性好的材料，压实度应符合表4.4.3的规定。

2）积雪平台应向路基外设置2%的坡度，并应进行硬化处理。

5 土质路堑或遇水崩解软化的风化泥质页岩类路堑的路床和积雪平台压实度应符合表4.4.3的规定，路基边坡应按防雪设计要求施工，将障碍物清理到设计指定的位置。

6 挖方路基边坡宜不陡于1:4。当外侧剩余台地工程量不大时，宜全部挖除。

7.14 涎流冰地段路基

7.14.1 施工前，应对当地地形、地质、气象，涎流冰的水源、类型及规模、危害情况及当地防治经验等进行调查核对，制订合理的施工方案。

7.14.2 路基施工应减少对原有自然排水系统的影响。在修建排、挡、截等结构物时，应保留原自然形成的疏水系统的畅通。

7.14.3 在冰冻或高寒的涎流冰地区，路基应选用水稳性好的砂砾石土作为填料。

7.14.4 山坡上的涎流冰，可在路基上边坡外设置聚冰沟，将水导入附近的河沟或桥涵。聚冰沟横断面应根据地形、地质、渗水量、聚冰量确定，并做好排水设施的顺接。

7.14.5 对山谷的涎流冰，可利用天然山坳设置聚冰坑堆积涎流冰。聚冰坑的大小应根据地形、地质、渗水量、聚冰量确定，并做好排水设施的顺接。

7.14.6 挡冰墙应设置在边沟外侧，防止涎流冰流到路面上。挡冰墙高度和宽度应根据聚冰量确定。

7.14.7 砌筑挡冰墙的块石、片石和砂浆应满足抗冻要求。砂浆强度应不低于M10，达到设计强度的70%前不得受冻。砌筑砂浆应密实、饱满。采用干砌时，宜采用块石砌筑。

7.14.8 聚冰沟、土质地段的聚冰坑应满足设计要求，设计未规定时，聚冰沟及其排水边沟应采用浆砌片石防护。土质地段的聚冰坑应根据坡面渗水和土质情况，在边坡坡脚设置干砌片石矮墙，其排水边沟应采用浆砌片石防护。

7.14.9 当有地下水出露时，应采用渗沟、暗沟等地下排水设施，将地下水引离路基。

7.14.10 地下排水施工应符合下列规定：

1 地下排水设施应在冻结深度以下，且宜不低于路面以下2m，并应做好反滤层、隔水层及出水口的保温。

2 地下排水设施应在路基完工前完成。

3 地下排水结构应分层开挖，并随时排出地下渗水和流水。上口应通过封闭式渗池与含水层衔接，下口应从路基下侧边坡坡脚以外排出，出水口应有保温措施。

7.15 采空区路基

7.15.1 施工准备应符合下列规定：

1 应核查采空区埋深，覆岩的岩性、厚度及完整程度，冒落带和裂隙带的发育程度，裂隙的连通性等情况，确认并标识路基范围内采空区的类型、处置方式及相应的范围边界或支撑位置，编制专项施工方案。

2 测量控制点应设置在采空区影响范围之外，并加以防护。

3 地表有出露渗水时，应设置暗沟或截水渗沟将水流引离路基。

条文说明

采空区类型分为长壁式、不规则柱式、单一巷道式、条带式、短壁式、充填式等。

7.15.2 采空区的处置方式、长度、宽度及深度应满足设计要求，处理后的地基强度及稳定性应满足设计要求。

7.15.3 注浆法处理采空区时应符合下列规定：

1 施工前应在典型地段进行试验路段施工，试验注浆孔数应不小于总孔数的3%。成孔钻机、压浆设备、试验检测设备、成孔和注浆工艺、浆液的各种参数应通过试验路段选择确定。

2 注浆区邻近巷道时，应按设计要求在巷道内修建止浆墙。

3 采空区呈大体水平状况时，同一地段的成孔和注浆，应按先帷幕孔、后注浆孔的顺序进行施工；采空区呈倾斜状况时，应按先深层部位、后浅层部位的顺序进行施工。帷幕注浆应分序间隔进行。

4 钻孔的孔径、孔深、垂直度及孔位偏差应符合要求；钻孔至裂隙带及冒落带时应清水钻进；容易塌孔的区域宜跟管钻进；成孔后应对钻孔进行冲洗；不易软化岩层中的空隙和裂隙，注浆前应采用压力水进行冲洗；钻孔未注浆前，孔口应加盖防护。

5 处理区宜分2～3个批次进行间隔成孔和注浆。孔壁稳定时宜分批成孔、分批注浆，孔壁难以稳定时宜逐孔注浆。

6 注浆浆液宜采用水泥、粉煤灰、黏土等材料加水拌和而成，浆液应在集中浆拌站机械拌和。浆液的水固比、外加剂的种类及加入量，应通过现场试验确定。

7 单层采空区或层间间隔小且已坍塌无明显分界的多层采空区，宜采用一次成孔、自下而上、一次灌注的方式注浆；层次分明、层间距大的多层采空区，宜采用分段成孔、自上而下、分段注浆的方式注浆；当采空区空洞大、或裂隙发育、或采空区充水且水的流速大时，宜先灌注砂、石屑等集料进行填充，再进行间歇式注浆，注浆浆液宜掺加水玻璃等添加剂。

8 注浆时应采取止浆措施。注浆过程中发生冒浆或相邻孔串浆时，应进行处理。注浆达到结束条件后方可终止注浆并封孔。

9 处理结束后，应检测岩体原有空洞及裂隙内浆液的充填情况、岩体注浆后的完整程度、浆液结石体的抗压强度等；宜采用取芯钻机进行钻探检测，钻探孔径应不小于91mm；当采空区埋深小于30m时，宜采用开挖探井、探坑方式进行检测。检测钻探及岩土测试应在采空区处置施工结束一段时间后进行。

条文说明

注浆法适用条件为矿层开采后覆岩发生严重的垮塌或滑落，或判定为欠稳定、不稳定的采空塌陷区。

浆液的参数包括密度、黏度、结石率、初凝和终凝时间以及结石体的无侧限抗压强度等。

自下而上一次性注浆止浆方式包括法兰盘简易止浆（孔壁稳定时采用）、止浆塞或套管止浆（孔壁不易稳定时采用），自上而下分段注浆采用套管止浆。

冒浆及串浆的处理方式为冒浆时调整注浆压力或更换止浆措施。

相邻孔串浆时，被串浆孔具备注浆条件的可对两孔同时注浆，不具备注浆条件时封堵串浆孔，待注浆孔注浆结束后，再对串浆孔进行扫孔、冲洗，而后进行注浆。注浆终止条件为在规定的结束压力条件下，注浆量小于70L/min并能稳定15min以上。

检测的其他方式包括物探法、钻孔配合孔内电视法、钻孔注浆等。通过拍摄照片、目测、量测计算和室内试验配合做出定性或定量评价。

7.15.4 干砌片石或浆砌片石支撑法处理采空区时应符合下列规定：

1 施工时应采取通风措施，并按从里到外的顺序进行。

2 片石的最小尺寸应不小于100mm，母岩抗压强度应不小于30MPa，砌筑所用砂浆的强度等级应满足设计要求。

3 应分段、分层台阶式砌筑，砌体顶面应填塞紧密。

条文说明

支撑法的适用条件为进出采空区的通道或巷道完好可通行，采空空间稳定且空间大，通风好，材料运输方便，具备人工作业条件。

7.15.5 强夯法处理采空区时应符合下列规定：

1 施工前应在典型地段进行试夯，经检测满足要求后方可正式施工。施工时应按要求的夯点间距、夯击能、点夯次数、夯击遍数进行控制。具体施工可参照本规范第7.6节的强夯部分进行控制。

2 施工过程中的各项测试数据应符合要求，否则应进行补夯或采取其他有效措施进行处理。

3 处理完成并放置一段时间后，应对地基深部的松散体密实程度及处理效果进行检测。

条文说明

强夯法适用条件为埋深小于10m，上覆顶板完整性差，岩体强度低。现行《建筑地基处理技术规范》（JGJ 79）中对强夯进行各种地基处理有详细规定，可参考借鉴。

7.15.6 开挖回填法处理采空区时，基坑应按要求坡率进行放坡开挖，回填料应分层压实。

7.15.7 衬砌加固法处理巷道时，应符合现行《公路隧道施工技术规范》（JTG F60）的有关规定。

7.15.8 处理效果应按要求进行检测，检测指标达不到规定要求的，应分析原因并反馈处理。

7.15.9 施工期间及完工后，处理区段宜进行水平位移和沉降监测。监测点布置和监测精度应符合设计和现行《工程测量规范》（GB 50026）的有关要求。

条文说明

一般情况下，采空区处理期间及路基正常施工期间，半年内每周监测一次；半年后至交工验收前每月监测一次；通车两年内，每两个月监测一次；变形显著时，增加监测频次。

7.15.10 采空区路基基底采用砂砾石、碎石、片石等回填时，填料质量和填筑压实度应满足设计要求。路基正常填筑应符合本规范第4章的有关规定。

7.16 滨海地区路基

7.16.1 滨海地区路基施工应根据设计要求和潮位、海浪、海流等水文情况，制订合理的施工方案。

7.16.2 滨海地区路基应采用水稳性好的填料填筑。

7.16.3 斜坡式路堤施工应符合下列规定：

1 应采取措施保证路堤填料不被海流冲移、侵蚀。

2 护坡采用条石、块石或混凝土人工块体、土工合成材料时，所采用的材料质量应满足相关要求，坡面平整，块体接触面向内倾斜，紧贴坡面。

3 胸墙应在路堤的沉降基本完成以后再修筑。

7.16.4 直墙式路堤施工应符合下列规定：

1 直墙式路堤应采用石块填筑，石块应嵌、码交错施工。

2 采用抛石方法形成的明基床或暗基床应满足设计要求。在岩性、非岩性地基上的基床厚度应满足设计要求。

7.17 水库地区路基

7.17.1 库区路基施工应根据地质水文情况、设计线位与库岸的位置关系等，制订合理的施工方案。

7.17.2 库区路基施工，应采取措施减少对水库水体及周围环境的污染。

7.17.3 沿水库边缘修筑路基，或路基离岸距离近时，应充分考虑库岸的稳定性，采取必要的防护措施。

7.17.4 路堤填料宜选用透水性好的材料。

7.17.5 边坡防护材料应采用强度高、不易风化的硬质石料。冰冻地区的护坡采用片石防护时，应选择抗冻性好的石料。在水库上游地段，护坡基础埋深应满足设计要求。

7.17.6 库区浸水路堤施工应符合下列规定：

1 填料应采用不易风化的硬质石料。

2 路堤外侧边坡的码砌厚度应满足设计要求，码砌石块粒径宜不小于300mm，错缝台阶式砌筑，块体紧贴边坡，块体接触面向内倾斜。

3 路基高且浸水深的路段，可在靠水库库心一侧的迎水坡面护坡坡脚上设置片石石垛。

7.18 季节性冻土地区路基

7.18.1 季节性冻土地区路基施工应符合下列规定：

1 应复核路基填料的冻胀率、天然含水率等参数。

2 季节性冻土地区路基宜在非冰冻季节施工。冻胀和弱冻胀材料路基不应在冰冻季节施工，非冻胀材料冰冻季节施工应通过试验确定具体指标要求。

3 高速公路、一级公路的土质路堤不得在冰冻期施工。半填半挖地段、填挖交界处不得在冰冻期施工。

4 临时排水应与永久排水结合施作。

5 已完工路基，越冬时应覆盖素土并碾压，并做好顶面及地表排水等保护措施。

6 越冬路基压实度应满足设计要求。

7 春融期路基宜在完全解冻融化后施工。

7.18.2 地基处理应符合下列规定：

1 填筑前应将基底范围内的积雪和冰块清除干净并进行压实，压实标准应符合表4.4.3的规定。

2 需要换填处理的地段应开挖至设计深度，选用合适填料及时整平压实。

7.18.3 路堤填料应符合下列规定：

1 应根据冻胀率将季节性冻土分为不冻胀、弱冻胀、冻胀、强冻胀和特强冻胀五类，冻胀性分级应符合表7.18.3-1的规定。

表7.18.3-1 季节冻土与季节融化层土的冻胀性分级

<table>
<tr><th>土的名称</th><th>冻前天然含水率
w（%）</th><th>冻前地下水位距设计冻深的最小距离
h_w（m）</th><th>平均冻胀率
η（%）</th><th>冻胀等级</th><th>冻胀类别</th></tr>
<tr><td rowspan="9">碎（卵）石，砾、粗、中砂（粒径小于0.075mm的颗粒含量不大于15%），细砂（粒径小于0.075mm的颗粒含量不大于10%）</td><td>不饱和</td><td>不考虑</td><td>$\eta \leq 1$</td><td>Ⅰ</td><td>不冻胀</td></tr>
<tr><td>饱和含水</td><td>无隔水层</td><td>$1 < \eta \leq 3.5$</td><td>Ⅱ</td><td>弱冻胀</td></tr>
<tr><td>饱和含水</td><td>有隔水层</td><td>$\eta > 3.5$</td><td>Ⅲ</td><td>冻胀</td></tr>
<tr><td rowspan="2">$w \leq 12$</td><td>>1.0</td><td>$\eta \leq 1$</td><td>Ⅰ</td><td>不冻胀</td></tr>
<tr><td>≤1.0</td><td rowspan="2">$1 < \eta \leq 3.5$</td><td rowspan="2">Ⅱ</td><td rowspan="2">弱冻胀</td></tr>
<tr><td rowspan="2">$12 < w \leq 18$</td><td>>1.0</td></tr>
<tr><td>≤1.0</td><td rowspan="2">$3.5 < \eta \leq 6$</td><td rowspan="2">Ⅲ</td><td rowspan="2">冻胀</td></tr>
<tr><td rowspan="2">$w > 18$</td><td>>0.5</td></tr>
<tr><td>≤0.5</td><td>$6 < \eta \leq 12$</td><td>Ⅳ</td><td>强冻胀</td></tr>
<tr><td rowspan="7">粉砂</td><td rowspan="2">$w \leq 14$</td><td>>1.0</td><td>$\eta \leq 1$</td><td>Ⅰ</td><td>不冻胀</td></tr>
<tr><td>≤1.0</td><td rowspan="2">$1 < \eta \leq 3.5$</td><td rowspan="2">Ⅱ</td><td rowspan="2">弱冻胀</td></tr>
<tr><td rowspan="2">$14 < w \leq 19$</td><td>>1.0</td></tr>
<tr><td>≤1.0</td><td rowspan="2">$3.5 < \eta \leq 6$</td><td rowspan="2">Ⅲ</td><td rowspan="2">冻胀</td></tr>
<tr><td rowspan="2">$19 < w \leq 23$</td><td>>1.0</td></tr>
<tr><td>≤1.0</td><td>$6 < \eta \leq 12$</td><td>Ⅳ</td><td>强冻胀</td></tr>
<tr><td>$w > 23$</td><td>不考虑</td><td>$\eta > 12$</td><td>Ⅴ</td><td>特强冻胀</td></tr>
<tr><td rowspan="9">粉土</td><td rowspan="2">$w \leq 19$</td><td>>1.5</td><td>$\eta \leq 1$</td><td>Ⅰ</td><td>不冻胀</td></tr>
<tr><td>≤1.5</td><td rowspan="2">$1 < \eta \leq 3.5$</td><td rowspan="2">Ⅱ</td><td rowspan="2">弱冻胀</td></tr>
<tr><td rowspan="2">$19 < w \leq 22$</td><td>>1.5</td></tr>
<tr><td>≤1.5</td><td rowspan="2">$3.5 < \eta \leq 6$</td><td rowspan="2">Ⅲ</td><td rowspan="2">冻胀</td></tr>
<tr><td rowspan="2">$22 < w \leq 26$</td><td>>1.5</td></tr>
<tr><td>≤1.5</td><td rowspan="2">$6 < \eta \leq 12$</td><td rowspan="2">Ⅳ</td><td rowspan="2">强冻胀</td></tr>
<tr><td rowspan="2">$26 < w \leq 30$</td><td>>1.5</td></tr>
<tr><td>≤1.5</td><td rowspan="2">$\eta > 12$</td><td rowspan="2">Ⅴ</td><td rowspan="2">特强冻胀</td></tr>
<tr><td>$w > 30$</td><td>不考虑</td></tr>
</table>

续表 7.18.3-1

土的名称	冻前天然含水率 w（%）	冻前地下水位距设计冻深的最小距离 h_w（m）	平均冻胀率 η（%）	冻胀等级	冻胀类别
黏质土	$w \leqslant w_p+2$	>2.0	$\eta \leqslant 1$	Ⅰ	不冻胀
		≤2.0	$1<\eta \leqslant 3.5$	Ⅱ	弱冻胀
	$w_p+2<w \leqslant w_p+5$	>2.0			
		≤2.0	$3.5<\eta \leqslant 6$	Ⅲ	冻胀
	$w_p+5<w \leqslant w_p+9$	>2.0			
		≤2.0	$6<\eta \leqslant 12$	Ⅳ	强冻胀
	$w_p+9<w \leqslant w_p+15$	>2.0			
		≤2.0	$\eta>12$	Ⅴ	特强冻胀

注：1. w_p为土的塑限含水率（%），w为冻前天然含水率在冻层内的平均值。
2. 盐渍化冻土不在表列。
3. 塑性指数大于22时，冻胀性降低一级。
4. 粒径小于0.005mm粒径含量大于60%时为不冻胀土。
5. 碎石类土当填充物大于全部质量的40%时，其冻胀性按填充物土的类别判定。
6. 隔水层指季节冻结层底部及以上的隔水层。

2 路基冻深范围内土质填料除应符合本规范第4.1.2条的规定外，尚应满足表7.18.3-2的要求。

表 7.18.3-2 季冻区路基土质填料表

路基形式	冰冻分区	地下水位或地表常水位距路面距离 h_w（m）	路基填料选择			
			上路床	下路床	上路堤	下路堤
填方路基	重冰冻区	$h_w>3$	Ⅰ	Ⅰ-Ⅲ	—	—
		$h_w \leqslant 3$	Ⅰ	Ⅰ-Ⅱ	Ⅰ-Ⅲ	—
	中冰冻区	$h_w>3$	Ⅰ-Ⅱ	Ⅰ-Ⅲ	—	—
		$h_w \leqslant 3$	Ⅰ	Ⅰ-Ⅱ	—	—
零填方或挖方路基	重冰冻区	$h_w>3$	Ⅰ	Ⅰ	—	—
		$h_w \leqslant 3$	Ⅰ	Ⅰ	—	—
	中冰冻区	$h_w>3$	Ⅰ	Ⅰ-Ⅱ	—	—
		$h_w \leqslant 3$	Ⅰ	Ⅰ	—	—

注：1. 土组分类号及土的冻胀等级见表7.18.3-1。
2. 对重、中冻胀地区的上路床采用Ⅰ类土时，其细粒土（粒径小于0.075mm）含量宜小于5%。
3. 缺少砂石料地区，采用石灰、水泥、粉煤灰、矿渣、固化剂等进行改善处置时，填料可不受此表限制。

3 取土场取土时应将未融化的冻土夹层清除，含有冻结块的路基填料，应充分晾晒融化后使用。

7.18.4 路堤填筑应符合下列规定：

1 填筑前应在路基两侧挖出排水沟或边沟，并结合永久排水先做渗沟、渗井等地下排水设施。

2　冻深范围内的填土不得混杂，冻胀性不同的土应分层填筑，抗冻性强的土宜填在上部层位。

3　每层路基填土顶面应设2%～4%的横坡。

7.18.5　挖方路段施工应符合下列规定：

1　挖方路段应提前填筑拦水埂，并及时疏通排水沟渠。

2　路床部位挖除换填砂砾等粗粒土时，填料中粒径小于0.075mm的颗粒含量宜小于5%。

3　石质挖方段不宜超挖，超挖和清除软层后的凸凹面宜采用水稳性好的砂砾料或混凝土回填找平。

7.18.6　边坡防护应符合下列规定：

1　冰冻期挖方土质边坡不得一次挖到设计线，应根据坡面土质强度预留100～400mm的覆盖层，到正常施工季节后再修整到设计坡面。路基挖至路床顶面以上1m时应停止开挖，并完成临时排水沟，待冬季过后再施工。

2　边坡植物防护应选择耐寒、抗旱、耐贫瘠、根系发育的草种和灌木。

3　护面墙基础应埋置在冻结线以下不小于0.25m，基础应采用砂砾或碎石垫层处理，厚度不应小于0.15m。

4　挡土墙基础最小埋置深度应不小于1m，且应设置在冻结线以下不小于0.25m。应将基底至冻结线以下0.25m深度范围内的地基土换填为非冻胀材料。

5　挡土墙背填料应采用砂性土等透水性好的材料填筑，严禁采用淤泥、腐殖土等。

6　圬工及砌石边沟等应在冰冻前完成施工。

7.18.7　防排水施工应符合下列规定：

1　施工过程中应及时排走地下渗水和地表流水。

2　临时性排水设施施工质量应满足抗冻融破坏的要求。

3　冰冻前未完成的内部排水设施应采取保温措施，避免冻结。

4　冻结前应完善路基及其影响范围的地表排水系统，疏干路基，以防冻胀。

7.19　沿河地段路基

7.19.1　沿河地段路基施工前应根据设计要求，现场核实河滩地形地貌、物质组成、水位、水深、流速、冲刷深度等，制订合理的施工方案。

7.19.2　路基施工不应压缩河道，弃方应妥善处理，严禁向河中倾弃。

7.19.3 受水位涨落影响及常水位以下路堤，宜用水稳性好、不易风化的透水性材料填筑，粒径宜不大于300mm。常水位以下坡脚宜用装石钢筋笼进行防护处理。

条文说明

沿河地段路堤水毁的主要表现形式是路基侧蚀坍塌，其表现为洪水对公路坡脚的冲刷、淘蚀。因此沿河路段边坡防护工程的设计与施工是重点。

7.19.4 沿河地段的高填方、半挖半填、拓宽路段的新老交界面应按设计要求采取措施保证路基稳定，峡谷地段宜采用石质填料。

7.19.5 路基边坡有潜水或渗水层时，应采取措施将水引出路基范围之外。

8　冬期雨期路基施工

8.1　一般规定

8.1.1　冬期、雨期施工应根据季节特点和施工段的地质地形条件，制订合理的施工方案。

8.1.2　冬期、雨期施工应做好临时排水，并与永久排水设施衔接顺畅。

8.1.3　冬期、雨期施工应及时收集气象信息，避免灾害和事故发生。

8.1.4　冬期、雨期施工前应做好各项准备工作。

8.2　冬期施工

8.2.1　在季节性冻土地区，昼夜平均温度在 -3℃以下且连续 10d 以上，或者昼夜平均温度虽在 -3℃以上但冻土没有完全融化时，均应按冬期施工办理。

8.2.2　高速公路、一级公路的土质路堤和地质不良地区的公路路堤不宜进行冬期施工。土质路堤路床以下 1m 范围内，不得进行冬期施工。半填半挖地段、填挖交界处不得在冬期施工。

条文说明

填土低于 1m 的路堤和填挖交界处，常会有地下水的渗透，由于填土薄，填后易于冻结，解冻后土的强度、压实度都会降低，对路面影响大，因此不应冬期施工。

8.2.3　冬期路基施工应采取措施，及时排干雨雪水及路堑开挖时出现的地下水。

8.2.4　冬期施工路基基底处理应符合下列规定：

1　冻结前应完成表层清理，挖好台阶，并应采取保温措施防止冻结。

2　填筑前应将基底范围内的积雪和冰块清除干净。

3　对需要换填土地段或坑洼处需补土的基底，应选用适宜的填料回填，并及时整平压实。

4　基底处理后应立即采取保温措施防止冻结。

8.2.5　冬期填方路堤施工应符合下列规定：

1　路堤填料应选用未冻结的砂类土、碎石、卵石土、石渣等透水性好的材料，不得用含水率大的黏质土。

2　填筑路堤应按横断面全宽平填，每层松铺厚度应比正常施工减少20%～30%，且松铺厚度不得超过300mm。当天填土应当天完成碾压。

3　中途停止填筑时，应整平填层和边坡并进行覆盖防冻，恢复施工时应将表层冰雪清除，并补充压实。

4　当填筑高程距路床底面1m时，碾压密实后应停止填筑，在顶面覆盖防冻保温层，待冬期过后整理复压，再分层填至设计高程。

5　冬期过后应对填方路堤进行补充压实，压实度应符合表4.4.3的规定。

条文说明

冬期填筑路堤一般采用薄层、快填、快压、连续作业的施工方法，迅速填完每一层，争取使土不冻或少冻。

8.2.6　冬期挖方路基施工应符合下列规定：

1　挖方边坡不得一次挖到设计线，应预留一定厚度的覆盖层，待到正常施工季节后再修整到设计坡面。

2　路基挖至路床顶面以上1m时，完成临时排水沟后，应停止开挖，待冬期过后再施工。

条文说明

本条规定了开挖冻土路堑的要求，如边坡预留、路堑底部预留、排水等，目的是防止路基冻融时造成的不稳定。正常施工时再做这一部分，以保证施工质量。

冬期开挖路堑表层冻土的施工方法很多，如爆破冻土法、机械破冻法、人工破冻法等。施工时，不同地区根据不同冻土层厚、不同地质情况自行选用合适、有效的施工方法和施工工艺。

8.2.7　河滩地段冬期水位低，可开挖基坑修建防护工程，但应采取措施保证工程质量。

8.2.8　在融期来临前，应及时对全线边沟、排水沟进行清理、疏通。

8.3 雨期施工

8.3.1 路基排水应符合下列规定：

1 雨期施工应综合规划，合理设置现场防排水系统，及时引排地面水。

2 路堤填筑的每一层表面应设2% ~4%的排水横坡。

3 在已填路堤路肩处，应采取设置纵向临时挡水土埂、每隔一定距离设出水口和排水槽等措施，引排雨水至排水系统。

4 雨期路堑施工宜分层开挖，每挖一层均应设置纵横排水坡及临时排水沟，使水排放畅通。

条文说明

对雨期施工的地段，要进行详细的现场调查研究，编制实施性施工组织设计。重点解决防排水问题，要把临时排水和永久排水衔接好，把水引入沿线桥涵及排水沟渠，形成完整的排水系统，保证雨期施工场地不被淹没，不积水。

8.3.2 路基基底处理应符合下列规定：

1 应在雨期前将基底处理好，孔洞、坑洼处填平夯实，整平基底，并设纵横排水坡。

2 低洼地段，应在雨期前将原地面处理好，并将填筑作业面填筑到可能的最高积水位0.5m以上。

8.3.3 路堤施工应符合下列规定：

1 填料应选用透水性好的碎石土、卵石土、砂砾、石方碎渣和砂类土等。利用挖方土作填料，含水率符合要求时，应随挖随填，及时压实。含水率过大难以晾晒的土不得用作雨期施工填料。

2 每一填筑层表面应做成2% ~4%双向路拱横坡以利于排水，低洼地带或高出设计洪水位0.5m以下部位应选用透水性好、饱水强度高的填料分层填筑，并及时施作护坡、坡脚等防护工程。

3 雨期填筑路堤需借土时，取土坑的设置应满足路基稳定的要求。

4 路堤应分层填筑，并及时碾压。

8.3.4 挖方路基施工应符合下列规定：

1 挖方边坡不宜一次挖到设计坡面，应预留一定厚度的覆盖层，待雨期过后再修整到设计坡面。

2 雨期开挖路堑，当挖至路床顶面以上300 ~500mm时应停止开挖，并在两侧挖好临时排水沟，待雨期过后再施工。

3　雨期开挖岩石路基，炮眼宜水平设置。

条文说明

雨期挖方边坡预留厚度及路床预留高度的目的是防止地面水冲坏已成形边坡，或破坏路床。待雨期过后再开挖预留部分，可保持边坡、路床满足设计要求。

挖方地段由于路基强度不够，处置不当，路堑处的路面往往出现病害，故采取超挖回填压实进行处置，如土质不良则采取换填或掺灰改良等措施。回填或换填的厚度及填料按设计要求施工。挖方基底如出现溶洞、夹层及不良土质等特殊情况，则采取特殊处理措施。

8.3.5　结构物基坑在雨期开挖后未能及时施工时，应采取防浸泡措施，必要时雨后应重新检测地基承载力。

9 路基施工安全

9.1 一般规定

9.1.1 施工单位应建立健全安全生产管理体系，设置安全管理机构，配备专职安全管理人员，制定安全生产规章制度，落实安全生产责任制，对施工安全管理、施工安全技术和施工安全作业进行全过程、全方位管理与控制。

9.1.2 从业人员应熟悉有关安全生产法律法规和技术规范，经培训合格方可上岗。从事特殊作业人员，应经过专业培训，并取得相应资格后持证上岗。施工作业人员必须遵守本工种的各项安全技术操作规程。

条文说明

国家现行涉及有关安全生产的主要法律、法规有《中华人民共和国宪法》《中华人民共和国刑法》《中华人民共和国安全生产法》《中华人民共和国消防法》《中华人民共和国劳动法》《中华人民共和国建筑法》和《建设工程安全生产管理条例》《民用爆炸物品安全管理条例》《危险化学品安全管理条例》《国务院关于特大安全事故行政责任追究的规定》《中华人民共和国内河交通安全管理条例》《公路水运工程安全生产监督管理办法》《特种作业人员安全技术培训考核管理规定》等。

在路基施工中应严格执行现行《公路工程施工安全技术规范》（JTG F90）。路基安全施工还应执行现行《建设工程施工现场消防安全技术规范》（GB 50720）、《生产经营单位生产安全事故应急预案编制导则》（GB/T 29639）、《施工现场临时用电安全技术规范》（JGJ 46）、《建筑施工高处作业安全技术规范》（JGJ 80）、《高处作业分级》（GB 3608）、《安全网》（GB 5725）、《安全带》（GB 6095）、《爆破安全规程》（GB 6722）和《小型民用爆炸物品储存库安全规范》（GA 838）等标准的相关规定。

9.1.3 施工单位在工程开工前，应进行现场调查，根据施工地段的地形、地质、水文、气象以及环境条件，结合设计文件和施工方案，制定安全保障措施。在施工中，应及时掌握气温、雨雪、风暴、汛情和地质灾害等相关信息，并根据周围环境条件的变化，做好防范和应急工作。

9.1.4 施工单位在工程开工前，应掌握施工影响范围内的既有道路、结构物、设施、地下和空中的各种管线情况，制定安全保障措施，保证既有结构物和设施的安全。在建公路与既有道路、航道、电力、电信、输油及输气管道等设施发生交叉或并行时，在施工组织设计中应针对既有线工程的结构特点及功能要求制定相应的保通措施以及拆迁、保护或加固方案。施工期间，施工单位应对影响范围内的既有结构物或设备进行监测，发现异常应及时采取措施。

9.1.5 同一工点有多个单位同时施工或者不同专业交叉作业时，应共同拟定现场安全技术措施，签订安全生产管理协议。

9.1.6 在路基施工之前，应根据工程特点和施工环境进行危险源辨识。对重大危险源，应编制应急预案，成立应急组织，配备应急物质，并按规定组织培训和演练。

条文说明

危险源是指可能造成人员伤害、疾病、财产损失、作业环境破坏或其他损失的因素或状态。危险源辨识是指发现、识别危险源的存在，并确认其特性的过程。

应急预案是指针对可能发生的事故，为迅速、有序地开展应急行动而预先制订的行动方案。应急预案由综合应急预案、专项应急预案、现场处置方案组成。应急预案编制可参考《生产经营单位生产安全事故应急预案编制导则》(GB/T 29639—2013)。

9.1.7 对高边坡等高风险工程，应按要求进行施工安全风险评估，编制风险评估报告，并进行现场监控。

条文说明

施工安全风险评估及风险评估报告内容，应按现行《公路工程施工安全技术规范》(JTG F90)的相关规定执行。

高速公路路堑高边坡工程施工安全风险评估可按《高速公路路堑高边坡工程施工安全风险评估指南》(交安监发〔2014〕266号)执行。施工安全风险评估是针对工程施工过程潜在的风险进行辨识、分析、估测、提出控制措施的系列工作，包括总体风险评估和专项风险评估。

总体风险评估是以高速公路建设项目全线路堑高边坡工程为评估对象，根据工程建设规模、地质条件、工程特点、诱发因素、施工环境、资料完整性等，评估全线路堑高边坡施工安全风险，确定风险等级并提出控制措施。高边坡总体风险评估对象包括：

(1) 高于20m的土质边坡、高于30m的岩质边坡；

(2) 老滑坡体、岩堆体、老错落体等不良地质体地段开挖形成的不足20m的边坡；

(3) 膨胀土、高液限土、冻土、黄土等特殊岩土地段开挖形成的不足20m的边坡；

（4）城乡居民居住区、民用军用地下管线分布区、高压铁塔附近等施工场地周边环境复杂地段开挖形成的不足20m的边坡。

专项风险评估是在总体风险评估基础上，以达到高度风险及以上的路堑高边坡为评估单元，以施工作业活动为评估对象，根据其安全风险特点，进行风险辨识、分析、估测，并针对其中的重大风险源进行量化评估，划分风险等级，提出风险控制措施。专项风险评估可分为施工前专项评估和施工过程专项评估。

9.1.8 公路工程施工必须遵守国家有关劳动保护的法规，改善施工条件，为从业人员配备必要的安全防护用品和用具，并定期更换。

9.1.9 从业人员在施工作业区域内，应正确使用安全防护用品和用具。

9.1.10 路基施工前，应逐级进行安全技术交底。交底内容应包括安全技术要求、风险状况和应急处置措施等。

9.1.11 路基施工前，应全面检查施工现场、机具设备及安全防护设施等，施工条件应符合安全要求。用于临时设施受力构件的周转材料，使用之前应进行材质检验。

条文说明

受力构件的周转材料材质检验的内容主要为外观、直径、壁厚及力学性能。

9.1.12 施工单位应在施工现场及其管辖范围内根据作业对象及其特点和环境状况，设置安全防护设施。安全防护设施应坚固，安全警示标志应醒目。必要时，宜设置夜用警示灯或反光标识。施工现场的安全防护设施必须设专人管理，随时检查，保持其完整性和有效性。

条文说明

施工单位在下列与路基施工相关的危险部位，设置安全警示标志和安全防护设施：

（1）施工场地的出入口和沿线各交叉口；

（2）施工便道急弯、陡坡、连续转弯等危险路段；

（3）施工起重机械、临时用电设施以及脚手架等临时设施；

（4）民用爆炸物品和易燃易爆危险品库房；

（5）填方边坡的边缘、挖方边坡的边缘、沟槽和基坑边缘、桩孔口、洞穴口、施工形成的土台边缘；

（6）边坡防护作业区；

（7）强夯作业区；

(8) 滑坡影响范围;
(9) 崩塌地段施工的刷坡范围;
(10) 采空区塌陷影响范围;
(11) 路基施工涉及的其他危险部位。

9.1.13 爆破作业、边坡防护作业、挡土墙施工、锚杆和锚索预应力张拉、人工挖孔作业及拆除作业等危险场所，应按规定设置警戒区，并采取必要的安全防护措施。

条文说明

作业场所未经允许不得进入的区域称为警戒区。

9.1.14 施工现场暂时停止施工的，施工单位应做好现场防护。

9.2 防火、用电、照明和通风

9.2.1 施工临时用房、临时设施、生产区、办公区的防火间距应符合现行《建设工程施工现场消防安全技术规范》(GB 50720) 的相关要求。施工场地和生活区域应按国家有关规定配置消防设施和器材，设置消防安全标志。

9.2.2 施工现场的临时用电应符合现行《公路工程施工安全技术规范》(JTG F90) 的相关规定。

9.2.3 施工现场应设有保证施工安全要求的照明设施。

9.2.4 人工开挖抗滑桩桩孔、人工开挖渗水井和人工开挖排水隧洞以及在采空区或溶洞内实施砌石加固作业时，应符合下列规定：

1 在地下有限空间内作业，现场应配备气体浓度检测仪器，并满足现行《缺氧危险作业安全规程》(GB 8958) 的相关要求。

2 在作业人员进入地下有限空间之前，应预先通风 15min，并经检测确认孔内空气符合《环境空气质量标准》(GB 3095—2012) 规定的三级标准浓度限值。人工开挖或砌筑作业期间，应持续通风。现场应至少备用 1 套设备。

3 在含有毒有害气体的地区，地下空间内作业应至少每 2h 检测一次有毒有害气体及含氧量，保持通风，同时应配备不少于 5 套且满足施救需要的隔绝式压缩氧自救器等应急救援器材。

4 在地下空间内实施爆破时，应待孔内炮烟、粉尘消散后，或者经通风，使炮烟、粉尘全部排除后，再入孔作业。

条文说明

《环境空气质量标准》（GB 3095—2012）规定的环境空气污染物浓度限值参见本规范第10.5.1条条文说明。

9.3 施工排水

9.3.1 排水方案必须满足路基施工安全和路基附近既有结构物与地下管线的安全要求。

9.3.2 降水方案以及软土地基处理方案制订时，应充分考虑地基湿度或孔隙水压力变化对毗邻区域既有结构物或设备安全的影响，降水施工不得危及周围既有道路及结构物安全。

9.3.3 施工过程中，应对降水影响区域内的交通设施、管线、结构物等的沉降、位移、倾斜等进行观测，发现问题应及时采取措施。

9.3.4 施工结束后，应清理场地并恢复地貌，地面遗留的孔洞应及时用砂石等材料回填密实。

9.4 施工便道

9.4.1 路基施工前，应根据工程需要、运输车辆、交通量和现场状况，确定运输路线、施工期间社会临时交通疏导与施工便道修建方案。

9.4.2 施工便道应根据工程特点、使用功能、车辆荷载和环境条件修建，并应符合下列规定：

1 施工便道应平整、坚实，能满足运输安全要求。施工便道不得破坏原有水系和降低原有河道泄洪能力。

2 双车道施工便道宽度宜不小于6.5m。单车道施工便道宽度宜不小于4.5m，并宜设置错车道。错车道应设置在视野好的地段，间距宜不大于300m。设置错车道路段的施工便道宽度宜不小于6.5m，有效长度宜不小于20m。

3 应设置必要的警示标志。

4 施工便道穿越电力架空线路时，施工便道与架空线路之间的安全距离应符合现行《施工现场临时用电安全技术规范》（JGJ 46）的有关规定。

5 施工便道穿越各种架空管线处，其净空应满足运输安全要求，并应在管线外设限高标志。

6 施工便道穿越结构物处，其净空应满足运输安全要求，并应在结构物外设限高、限宽标志。

条文说明

3 施工便道设置的警示标志包括：根据交通量、路况和环境状况确定车辆行驶速度，在道路明显位置设置的限速标志；在急弯、陡坡、连续转弯等危险路段设置的警示标志；在施工便道中易发生落石、滑坡等危险路段设置的警示标志；在邻近河岸、峭壁的一侧设置的安全标志，夜间加设的警示灯；在施工便道与既有道路平面交叉处设置的道口警示标志。

9.4.3 施工便桥应设置限载、限宽、限速标志，验收后方可使用。

9.4.4 利用既有道路时，运输前应对既有道路的桥涵、地下管线和构筑物的承载力进行调查、检测和验算，确认其能够满足运输要求和安全，并满足本规范第9.4.2条和第9.4.3条的要求。

9.4.5 在不封闭交通情况下进行公路改扩建施工，应按相关规定和交通组织方案设置作业控制区，施工路段两端及沿线进出口处应设置明显的临时交通安全设施，并定期进行检查和维护。

9.4.6 半幅施工作业区域与行车道之间必须设置隔离设施。应设专人和通信设备指挥交通、疏导车辆。

9.4.7 爆破作业之前，必须临时封闭爆破警戒区内的交通。爆破后应立即清理道路上的土石，检修设施。应确认达到行车条件后，开放交通。

9.5 施工机械设备使用

9.5.1 施工单位应制定施工机械设备安全操作规程，建立设备安全技术档案。

9.5.2 机械设备进场前应查验机械设备证件、性能、状态。机械设备进场后，应向操作人员进行安全技术交底。

9.5.3 机械设备上各种安全防护、保险限位装置及各种安全信息装置必须齐全有效。

9.5.4 机械设备必须按机械设备安全操作规程和机械设备使用说明书规定的技术性能、承载能力和使用条件操作、使用，严禁超载、超速作业或扩大使用范围。

9.5.5 机械设备不宜在坡度大的边坡区域或不稳定岩土体上作业。机械在路基边坡、基坑、沟壑边缘附近以及不稳定岩土体上作业时，应采取可靠的安全措施。

9.5.6 多台机械同时作业时，各台机械之间应保持安全距离。

9.5.7 机械作业范围内不得同时进行人工作业。由人工配合机械进行辅助作业时，作业人员应注意观察。

9.5.8 施工现场的钻机等高耸设备在相邻结构物的防雷装置的保护范围之外时，应按有关规定设置防雷装置。

9.5.9 高耸设备与架空线路之间的安全距离应符合现行《公路工程施工安全技术规范》（JTG F90）的相关规定。当需要在小于规定的安全距离范围内进行作业时，应采取严格的安全保护措施，并应按相关规定经有关部门批准。

9.5.10 起重吊装作业应符合现行《公路工程施工安全技术规范》（JTG F90）的相关规定。

9.5.11 施工现场的运输车辆应设置反光警示标识。施工车辆运行必须遵守道路交通法规，按规定路线和速度行驶，不得超载，严禁人料混载。

9.5.12 清洁、保养、维修机械或电气装置之前，必须先切断电源，等机械设备停稳后再进行操作。严禁带电进行检修，严禁采用预约送电时间的方式进行检修。

9.6 既有结构物的拆除

9.6.1 应根据所拆除结构物的结构特点及施工环境要求确定拆除施工的段落、层次、顺序和方法。拆除施工应从上至下，逐层、分段实施，不得立体交叉作业。

9.6.2 当拆除工程对周围相邻建筑物安全可能产生危险时，应采取相应的保护措施。

9.6.3 拆除作业应符合现行《公路工程施工安全技术规范》（JTG F90）的相关规定。拆除现场应设置警戒区。

9.6.4 拆除施工中的爆破作业应符合本规范第9.7.8条的有关规定。

9.6.5 拆除施工作业人员和机具应处于稳固位置，必须进行临时悬吊作业时，应系好悬吊绳和安全绳。悬吊绳和安全绳应分别锚固且应牢固。

9.6.6 拆除既有路基支挡结构与防护设施，应保证既有路堑边坡稳定。必要时应设置临时支撑进行加固或防护，并应自上而下分层、分段拆除，严禁一拆到底。

9.6.7 拆除的材料应及时清理，分类放置。

9.7 路堑、基坑和沟槽开挖

9.7.1 开挖之前，应按施工组织设计对结构物、既有管线、排水设施实施迁移或加固。施工中，应经常检查、维护加固部位，保持设施的安全运行。对在施工范围内可不迁移的地下管线等地下设施，应确定其地下位置和分布范围，设置警示标志，并采取保护措施。

9.7.2 路堑开挖过程中，应设专人对作业面及施工影响范围内岩土体的稳定性进行监测和巡察，监测人员的位置应在落石、滑坡体危险区域之外。发现异常应立即停工，撤离机具和人员，并及时采取安全措施。

条文说明

条文中所谓“发现异常”是指，通过直接观察或者通过观测和评估，确认山体出现滑动、崩塌迹象及危及施工安全的情况。及时采取措施包括启动应急预案。

9.7.3 公路改建路堑拓宽时，应按横断面自上而下进行。开挖过程中，应随时观测坡面稳定情况，如有危石、裂缝和塌方迹象，应及时采取措施。

9.7.4 结构物基坑开挖，应根据土质、水文和开挖深度等选择安全的边坡坡度或支撑防护。当基坑开挖深或者边坡稳定性差时，应分段、跳槽开挖。在施工过程中，应观察或按规定监测作业面周围岩土体的稳定性，发现问题及时采取相应的处理措施。在坑槽边临时堆放弃土或材料时，应控制弃土或材料与坑槽边缘的距离及堆放高度，不得影响基坑边坡的稳定。机械在基坑周围作业和行驶不得影响施工安全。

条文说明

支撑防护是路基排水和防护结构基础开挖时关系到施工安全的一项重要工作，其中包括支撑的设计、施工、维护和拆除。这些内容精心设计、精心施工，可避免坑壁失稳，出现塌方，造成人身安全事故。

9.7.5 边坡设置混凝土灌注桩、地下连续墙等支挡结构时，应待支挡结构强度达到设计强度后，方可开挖。

9.7.6 机械挖掘时，应避开既有结构物和管线，严禁碰撞。严禁在距既有直埋缆线2m范围内和距各类管道1m范围内采用大型机械开挖作业。在既有结构物和管线附近作业时，宜有专人现场监护。

9.7.7 开挖中，遇文物、爆炸物、不明物和原设计图纸与管理单位未标注的地下管线、构筑物时，必须立即停止施工，保护现场，向上级报告，并和有关管理单位联系，研究处理措施。经妥善处理，确认安全并形成文件后，方可恢复施工。

9.7.8 爆破作业应符合下列规定：

1 从事爆破工作的爆破员、安全员、保管员应按有关规定经过专业机构培训，并取得相应的从业资格。

2 爆破作业和爆破器材的采购、运输、储存和使用应按现行《民用爆炸物品安全管理条例》、《爆破安全规程》（GB 6722）及《小型民用爆炸物品储存库安全规范》（GA 838）的有关规定执行。

3 岩石边坡坡率为1:0.1～1:0.75的路堑，必须采用光面爆破。城市、风景名胜区及重要工程设施附近的路堑爆破应采用控制爆破技术。

条文说明

爆破有害效应及安全允许距离按现行《爆破安全规程》（GB 6722）中的计算方法确定。

9.7.9 沟槽开挖深度超过2m时，其边缘上面作业应按高处作业要求进行安全防护并设置警告标志。开挖沟槽位于现场通道或居民区附近时，应设置安全护栏，夜间应设置警示灯。

9.8 路堤和路床填筑

9.8.1 路堤施工应先做好临时防水、排水系统。路基基底、坡脚及影响路基稳定的范围内不得积水浸泡。傍山修筑路堤时，应防止地表水、地下水渗入路堤结构各部位。

9.8.2 使用振动压路机碾压路基前，应对附近地上和地下结构物、管线可能造成的振动影响进行分析，确认安全。

9.8.3 填土地段与架空线路之间的安全距离应符合现行《施工现场临时用电安全技

术规范》(JGJ 46)的有关规定。

9.8.4 路基下存在管线时，管顶以上0.5m范围内不得用压路机碾压。采用重型压实机械压实或有重车在回填土上行驶时，管道顶部以上应铺设一定厚度的压实填土。填土最小厚度应根据机械和车辆的质量与管道的设计承载力等情况，经计算确定。

9.8.5 填方作业区边缘应设明显的警示标志。

9.9 支护结构与排水设施施工

9.9.1 在边坡上或在基坑内作业之前，应首先检查边坡或坑壁的稳定状况。对影响施工安全的危岩、危石、松动土石块应予清除，或者采取必要的防护措施。

9.9.2 在边坡上或者在基坑内施工，应设置攀登设施。在施工过程中，应由专人随时检查和定期监测边坡稳定性，并确认安全。发现异常，应立即停工，撤离人员，采取安全措施后方可复工。

9.9.3 作业高度超过1.2m时，应设置脚手架。脚手架应通过专业设计，必须进行强度、刚度及稳定性等方面的验算，并符合现行《公路工程施工安全技术规范》(JTG F90)的相关规定。高的脚手架平台应采用锚杆锚固在岩壁上。脚手架搭建经验收合格后，方可使用。施工过程中，应经常检查脚手架，发现松动、变形或沉陷应及时加固。

9.9.4 挡土墙高度超过2m时，应按现行《公路工程施工安全技术规范》(JTG F90)高处作业要求进行安全防护。

9.9.5 砌筑作业时，脚手架下不得有人作业或停留，不得重叠作业，不得采用顺坡滚落或抛掷传递的方式运送材料。

9.9.6 用提升架运送石料时，应有专人指挥和操作，严禁超负荷运行。严禁使用提升架载人。临时起吊设备的制作、安装必须符合国家相关规定。

9.9.7 拆除墙背向内倾斜的混凝土重力式挡土墙模板时，应在墙背侧设置必要的临时支撑。

9.9.8 预制构件安装前，应根据现场条件制订详细的吊装方案，所有起重设备必须符合国家关于特种设备的安全管理规定。

9.9.9 喷浆作业应按自上而下顺序施作。喷浆作业时应密切注意压力表变化，出现异常时，必须停机、断电、停风，并及时排除故障。作业区内严禁在喷浆嘴前方站人。处理堵管时，作业人员应紧握喷嘴，防止管道甩动伤人。管道有压力时不得拆卸管接头。

条文说明

施工过程中处理故障时停机、断电、停风主要是防止机械误动作造成事故。故障处理结束，在开机送风、送电之前，通知有关作业人员，防止有人处于危险位置因突然开机而受到伤害。

9.9.10 锚杆和锚索钻孔施工，吹孔时作业人员应站在孔的侧边，以防吹出泥水、砂土伤人。

9.9.11 张拉作业区域应设为警戒区。张拉作业平台应稳固，张拉设备必须安装牢固。张拉过程中操作人员不得离岗，千斤顶旁严禁站人。

条文说明

张拉预应力锚杆（索）时，可能会发生断丝和锚具楔子滑脱沿轴向飞出伤人事故，或由于锚固不可靠而可能发生整个锚杆（索）连同张拉设备一起被弹出。故张拉时，千斤顶旁严禁站人，以防止发生伤害事故。

9.9.12 人工挖孔抗滑桩施工应编制专项施工方案，除应符合本规范第6.12节相关规定外，尚应符合下列规定：

1 同排桩施工应采用间隔跳挖方式进行。

2 孔口处应设置护圈，护圈应高出地面0.3m。孔口周围应设置护栏和临时排水沟，夜间应悬挂示警红灯。孔口周围不得堆积弃渣、无关机具及其他杂物。

3 非爆破开挖的挖孔桩雨期施工，孔口应设置防雨棚。雨天孔内不得施工。

4 孔内爆破作业应专门设计，采用浅眼松动爆破法施工，并应严格控制炸药用量。爆破作业的安全管理应按现行《爆破安全规程》（GB 6722）中的有关规定执行。爆破前，相邻桩孔内的人员必须撤离。

5 混凝土护壁应随开挖、随浇筑。每节开挖深度应满足施工方案要求，且不得超过1m。护壁模板应在混凝土强度达到5MPa以后拆除。

6 孔内作业人员应戴安全帽、系安全带、穿防滑鞋，安全绳应系在孔口。作业人员通过带护笼的直梯进入。人员上下不得携带工具和材料。作业人员不得利用卷扬机上下桩孔。

7 绞车、绞绳、吊斗、卷扬机等设备应完好，起吊设备应装设限位器和防脱钩装置。

8　挖孔作业人员的头顶部应设置护盖。弃渣吊斗不得装满。出渣时，孔内作业人员应位于护盖下。

9　孔内照明电压必须为安全电压。应使用防水带罩灯泡。电缆应为防水绝缘电缆。

10　孔内通风要求及空气质量应符合本规范第9.2.4条的规定。

11　孔深超过15m的桩孔内应配备有效的通信器材。作业人员在孔内连续作业不得超过2h。桩周支护应采用钢筋混凝土护壁。护壁上的爬梯应每间隔8m设一处休息平台。孔深超过30m的应配备作业人员升降设备。

12　滑坡监测应与施工同步进行。当滑坡出现险情并危及施工人员安全时，应及时通知人员撤离。

13　孔口应设专人看守。孔内作业人员应检查护壁变形、裂缝、渗水等情况，并与孔口人员保持联系，发现异常应立即撤出。

9.9.13　机械成孔渗水井的施工应符合下列安全规定：

1　施工场地及便道应平坦坚实，满足钻机正常工作和移动的要求。

2　钻机安设应平稳、牢固。

3　施工中严禁人员进入孔内作业。

4　严禁在架空线路下方采用机械钻孔或吊装作业，在电力架空线路附近作业时，机械边缘与电力线路的最小距离应符合现行《施工现场临时用电安全技术规范》（JGJ 46）的规定。

5　井管安装宜由起重机进行，吊装时吊点应正确，拴系应牢固。往井孔吊放井管时，严禁将手、脚置于井孔口上。

6　井管口应高出地面0.5m以上，必须封闭并设安全标志。

9.9.14　人工挖孔渗水井的施工，应制订专项施工方案，并符合下列安全规定：

1　在不稳定的土层中施作渗水井时，应根据土质状况对渗水井井壁及井口采取相应的支护措施。

2　渗水井周围1m范围内不得堆放材料、机具和土方，井口应采取防坠落、防滑措施。

3　井内作业环境恶劣时，人工掏挖应轮换作业，每次下井作业不得超过2h。上、下井筒应走安全梯。孔内通风要求及空气质量应符合本规范第9.2.4条的规定。

4　井内掏挖作业时，应随时观察井壁、支护的稳定状况。当土壁有坍塌征兆、井筒发生扭斜或支护位移、变形大时，必须立即停止作业，撤至安全处，待采取安全技术措施并确认安全后，方可继续作业。

5　井深大于1.5m，井内掏挖作业时，井上应设专人监护。安装预制井筒时，井内不得有人。用吊斗出土时，防止发生碰撞或脱钩，并通知井下人员暂时避开。

6　利用排水的间歇时间掏挖渗水井时，井下掏挖作业人员应与水泵操作工密切配合，并穿绝缘胶靴。

7　起吊和运输设备靠近渗井边缘作业时，应加强对地基稳定性的检查，防止发生地面塌陷或设备倾翻事故。

9.9.15　排水隧洞施工应符合下列安全规定：

1　应根据危险源辨识情况编制排水隧洞坍塌、突水突泥、触电、火灾、爆炸、窒息、有害气体等应急预案并应配备相应的应急资源。

2　当地层完整、地质条件好时，排水隧洞的开挖、衬砌和灌浆三个施工过程可依次进行，即先将隧洞全部挖通，以后再进行衬砌和灌浆。当岩层破碎、地质条件不良时，应边开挖边衬砌。

3　排水隧洞开挖，可依据滑坡具体地质情况，选择人工开挖方法或钻孔爆破方法进行。使用钻孔爆破法时，需根据岩层完整程度，确定全断面开挖或导洞开挖。在地下水丰富的地段，宜采用下导洞开挖。

4　对不稳定地层，在开挖爆破后，永久衬砌前，应采取木支撑、钢支撑或喷混凝土锚杆支护等临时支护措施。在松软或流沙地层中掘进，永久性支护至掘进面之间，应架设支护或特殊支护。

5　在特别软弱或大量涌水的地层中开挖隧洞，应采用超前灌浆或管棚加固方法，先将地层预先加固，然后再进行开挖。

6　孔内通风要求及空气质量应符合本规范第9.2.4条的规定。在瓦斯地层开挖时，应符合现行《公路工程施工安全技术规范》（JTG F90）中含瓦斯隧道施工作业的安全要求。

7　通风机、抽水机等安全设备应配备备用设备。

8　漏水地段应采用防水灯具，瓦斯地段应采用防爆灯具。

9.9.16　高边坡截水沟施工，应设置防止作业人员跌落的设施。

9.9.17　渗沟的开挖应自下游向上游进行。应随开挖随支撑并迅速回填，防止造成坍塌。停止施工或完工后，应及时加盖封闭。

9.9.18　支撑渗沟应间隔开挖。支撑渗沟开挖深度超过1.5m时，应加设支撑。

9.9.19　边坡防护和支挡结构以及排水设施施工作业应设警戒区，并应设置明显的警戒标志。停止施工的抗滑桩桩孔和渗水井及其他排水设施周围应设置防护栏及明显的警示标志，夜间应悬挂警示灯。

9.10　取土和弃土

9.10.1　取土场的边坡坡率和深度设计应满足稳定性要求。取土场宜远离结构物、设施、管线等生活生产设施，不应影响其安全。

9.10.2 取土场周围应设置安全防护设施和警示标志，必要时应设置夜间警示或反光标示。

9.10.3 场地上有架空线时，应对线杆和拉线采取预留土台等防护措施。土台半径应依线杆和拉线结构、埋入深度和土质而定。土台周围应设安全标志。

9.10.4 需在结构物附近取土时，应对结构物采取安全技术措施，确认安全后方可取土。

9.10.5 弃土场应避开建筑物、围墙和电力架空线路等，弃土时不得妨碍各类地下管线、构筑物等的正常使用和维护。

10 路基施工环境保护

10.1 一般规定

10.1.1 路基施工应遵守国家土地管理、水土保持、环境保护、生态保护、资源利用、能源利用、循环经济的有关法律法规，合理利用资源和能源，控制污染，保护环境。

条文说明

国家现行涉及环境保护的主要法律、法规有《中华人民共和国环境保护法》《中华人民共和国环境影响评价法》《中华人民共和国水土保持法》《中华人民共和国水土保持法实施细则》《中华人民共和国固体废物污染环境防治法》《中华人民共和国大气污染防治法》《中华人民共和国环境噪声污染防治法》《中华人民共和国水污染防治法》《中华人民共和国水污染防治法实施细则》《中华人民共和国草原法》《中华人民共和国森林法》《中华人民共和国野生动物保护法》《中华人民共和国野生植物保护条例》《建设项目环境保护管理条例》《中华人民共和国自然保护区条例》及《中华人民共和国文物保护法》《中华人民共和国节约能源法》《公路、水路交通实施〈中华人民共和国节约能源法〉办法》及《中华人民共和国循环经济促进法》《中华人民共和国清洁生产促进法》等。

10.1.2 工程开工前，应对施工现场的地形、地质、水文、气象、生态环境条件以及既有结构物状况进行调查，根据国家有关建设项目环境保护管理的规定以及节约资源、节约能源、减少排放等相关法规和技术标准，结合工程特点、设计要求和施工环境，编制并实施工程施工环境保护措施与节能减排技术方案。

10.1.3 公路路基施工组织设计，应结合工程实际按环境保护设计的各项要求，针对施工中可能造成的环境破坏和不利影响制定具体防止措施和方案，并实施。公路路基施工组织设计应包括下列与环境保护有关的内容：

1 土地利用和水土保持措施；

2 生态保护与恢复措施；

3 水资源保护与废弃物污染控制措施；

4 空气污染控制措施；
5 噪声与振动控制措施；
6 节能减排措施；
7 既有结构物保护措施；
8 文物保护措施。

条文说明

施工工法和工艺的选择，需要充分考虑边坡开挖、填筑堆载、振动、噪声、粉尘、污水等可能对环境产生的影响。

10.1.4 路基施工中，应重视对农田水利和环境的保护，节约土地，少占耕地，临时占用土地应及时做好复垦工作。施工便道、施工场地等临时工程的规划应尽量利用既有道路、荒地等，减少对环境的影响。

10.1.5 自然保护区、森林、草原、湿地及风景名胜区的路基施工方案应有利于生态保护和生态恢复。

10.1.6 施工机械设备选型应符合环保规定，首选低噪声、低振动、低排放的节能环保型机械设备。在使用中应定期保养、维护，减少油料跑、冒、滴、漏对环境的影响。

10.2 土地资源利用与水土保持

10.2.1 路基施工应严格控制临时占地的数量。

10.2.2 路基施工应控制和减少对原地貌、地表植被、水系的扰动和损毁，保护原地表植被、表土及结皮层。

10.2.3 路基土石方调配宜移挖作填，充分利用挖方材料，节约土地。不能利用的弃方应集中堆放和处理。施工组织设计应符合现行法律、法规的相关要求。

10.2.4 路基施工水土保持应符合下列规定：

1 施工便道应控制在规定范围内，减小施工扰动范围。临时道路在施工结束后应进行迹地恢复。

2 主体工程动工前，应剥离熟土层并集中堆放，施工结束后宜作为复耕地、林草地的覆土。

3 减少地表裸露的时间，遇暴雨或大风天气应加强临时防护。雨期填筑土方时应随挖、随运、随填、随压，避免产生水土流失。

4 临时堆土及料场加工的成品料应集中堆放，设置沉沙、拦挡等措施。

5 开挖土石和取料场地应先设置截排水、沉沙、拦挡等措施后再开挖。不得在指定取土场以外的地方乱挖。

6 土、砂、石、渣料在运输过程中应采取保护措施，防止沿途散溢，造成水土流失。

10.2.5 取、弃土场选址，应按设计文件要求并应符合下列规定：

1 取、弃土场选址应符合区域性环境规划和当地的土地利用规划，取、弃土场选址应符合城镇、景区等规划要求，并与周边景观相互协调。

2 取、弃土场应不占或少占林地、耕地或园地；应远离江河、湖泊和水库生态管理范围，远离野生动物迁移通道；宜选择荒山、荒坡或荒地。

3 严禁在崩塌和滑坡危险区、泥石流易发区内设置取土场。

4 取土场在山区、丘陵区选址，应分析诱发崩塌、滑坡和泥石流的可能性。

5 在河道取砂砾料的应遵循河道管理的有关规定。

6 弃土场选址不得影响周边公共设施、工业企业、居民点等的安全。

7 弃土场涉及河道的，应符合治导规划及防洪行洪的规定，不得在河道、湖泊管理范围内设置弃土场。

8 严禁在对重要基础设施、人民群众生命财产安全及行洪安全有重大影响的区域布设弃土场。

9 弃土场不宜布设在流量大的沟道，否则应进行防洪论证。

10 弃土场在山丘区宜选择荒沟、凹地、支毛沟，平原区宜选择凹地、荒地，风沙区应避开风口和易产生风蚀的地方。

10.2.6 取、弃土场平面及断面设计，应符合本规范第4.15.1条和第4.15.2条的规定，并应符合下列规定：

1 取、弃土场的平面布置及断面（轮廓）设计应有利于边坡稳定和工后的恢复利用。

2 陡坡路堤和深路堑地段的弃土，应置于山坡下侧，并间断堆填，保证弃土内地面水可顺利排出。

3 弃土场的支挡结构应根据弃土或弃石等堆放的数量、位置和地形特点，选择合理的结构形式并进行专门设计，以有效控制水土流失。

10.2.7 施工过程必须有临时防护措施。临时防护工程设计应符合现行《开发建设项目水土保持技术规范》（GB 50433）的规定。

10.2.8 开挖、填筑、排弃的场地应采取拦挡、护坡、截（排）水等防治措施。

10.2.9 公路路基施工应缩短临时占地使用时间。施工迹地应及时进行土地整治，采取水土保持措施，恢复其使用功能。

10.3 生态保护与生态恢复

10.3.1 路基施工前应对沿线生态环境进行调查，评价施工对生态环境可能造成的影响。

10.3.2 路堤填筑、路堑开挖及取弃土，均应根据路基施工进度有计划地进行表土剥离，并进行保存。表土最小剥离厚度应根据国家现行环境保护标准相关规定确定。表土堆存高度应不超过2m，必要时应采取设置排水沟等相应保护措施，防止水土流失。

10.3.3 施工前，应根据环境保护标准相关规定采取相应措施对位于路基范围内的珍稀植物进行保护。

10.3.4 公路通过林地时，应注意保护用地范围以内的林木，并严格控制林木的砍伐数量，严禁砍伐道路用地范围之外不影响行车安全的林木。

10.3.5 公路经过草原和草甸时，应注意保护腐殖土和地表植被，限制路侧取土。取土场和弃土场宜选择在植被生长差的地方，集中设置。

条文说明

地表腐殖土中富含植物生长所必需的营养成分和种子及根系，是植物赖以生存的条件。腐殖土经过上万年的物理化学及生物作用才形成，是一种有限的自然资源。工程实践证明，在公路建设中先将腐殖土挖移并保护，工后回填绿化，是恢复生态环境十分迅速、经济、有效的方法。

10.3.6 公路经过湿地时，施工废料暂时放置地应设置在湿地之外，施工结束后应及时处理。

10.3.7 在草、木密集的地区施工时，应遵守护林防火规定。

10.3.8 在国家或地方重点保护野生动物出没路段进行路基施工时，应设置预告、禁止鸣笛等标志，并应根据野生动物的种类、习性及迁徙季节、路线和活动规律，合理安排施工计划，为动物横向过路设置必要的通道。

10.3.9 生态恢复应符合下列规定：

1 取弃土工程结束后，取弃土场应及时进行必要的回填、整平、压实，地面坡度一般应小于5°，并利用储存的表土进行复垦。施工结束后应对开挖面恢复植被。

2 公路施工结束后，应对施工临时占地、施工营地、临时道路、设备及材料堆放场地等进行有计划的复垦。复垦后，应尽量保持原有地貌和景观。原属性为农田的应复耕。

3 项目区的裸露地，适应种植林草的应恢复植被。

条文说明

生态恢复是指通过人工设计和恢复措施，在受干扰破坏的生态系统的基础上，恢复和重新建立一个具有自我恢复能力的健康的生态系统（包括自然生态系统、人工生态系统和半自然半人工生态系统）。

复垦是指公路建设过程中，对因挖损、塌陷、压占等造成破坏的土地采取整治措施，使其恢复到可供利用状态的活动。

10.4 水资源保护与废弃物污染控制

10.4.1 在施工及生活区域应设置相应的场地堆放生产及生活废弃物，并定期处理。污水处理产生的污泥，应运至指定堆放场地。

10.4.2 生产污水和生活污水不得随意排放。施工过程中，各种排水沟渠的水流不得直接排放到饮用水源、农田、鱼塘中。

条文说明

生产污水主要包括清洗施工机械设备的污水或废油以及地基处理施工中溢出的浆液。生活污水主要包括人类生活中使用的各种厨房用水、洗涤用水和卫生间用水所产生的排放水。这两类水如直接排放，会污染水质、土质，影响人们的饮用水源和鱼类的生存、农作物的生长，因此采取必要的净化措施处理后，方可排放。

10.4.3 岩溶水发育地段，路基修筑不应切断岩溶（地下和地表）水的径流通道，不得造成阻水、滞水或农田缺水。

10.4.4 严禁采用有害物质超标的工业废渣作为路基填料。

条文说明

利用工业废渣作为填料或外加掺料时，使用前进行有害物质的含量测试，避免有害物质超标，污染环境。

10.5 空气污染控制

10.5.1 路基施工过程中应采取措施控制废气排放和扬尘，并应符合国家环境空气质量标准的相关规定。

条文说明

《环境空气质量标准》（GB 3095—2012）将环境空气功能区分为两类：一类区为自然保护区、风景名胜区和其他需要特殊保护的区域；二类区为居住区、商业交通居民混合区、文化区、工业区和农村地区。

一类区适用一级浓度限值，二类区适用二级浓度限值。一、二类环境空气功能区质量要求见表10-1和表10-2。

表10-1 环境空气污染物基本项目浓度限值

序号	污染物项目	平均时间	浓度限值		单位
			一级	二级	
1	二氧化硫（SO_2）	年平均	20	60	μg/m³
		24h平均	50	150	
		1h平均	150	500	
2	二氧化氮（NO_2）	年平均	40	40	
		24h平均	80	80	
		1h平均	200	200	
3	一氧化碳（CO）	24h平均	4	4	mg/m³
		1h平均	10	160	
4	臭氧（O_3）	日最大8h平均	100	160	μg/m³
		1h平均	160	200	
5	颗粒物（粒径小于或等于10μm）	年平均	40	70	
		24h平均	50	150	
6	颗粒物（粒径小于或等于2.5μm）	年平均	15	35	
		24h平均	35	75	

表10-2 环境空气污染物其他项目浓度限值

序号	污染物项目	平均时间	浓度限值		单位
			一级	二级	
1	总悬浮颗粒物（TSP）	年平均	80	200	μg/m³
		24h平均	120	300	
2	氮氧化物（NO_x）	年平均	50	50	
		24h平均	100	100	

续表 10-2

序号	污染物项目	平均时间	浓度限值		单位
			一级	二级	
2	氮氧化物（NO_x）	1h 平均	250	250	μg/m³
3	铅（Pb）	年平均	0.5	0.5	
		季平均	1	1	
4	苯并［a］芘（BaP）	年平均	0.001	0.001	
		24h 平均	0.0025	0.0025	

表 10-1 在全国范围内实施。表 10-2 由国务院环境保护行政主管部门或省级人民政府根据实际情况，确定具体实施方式。

10.5.2 机械设备及运输车辆的废气排放应符合国家和地方政府的相关规定。

10.5.3 路基施工堆料场、拌和站、材料加工厂等宜设于主要风向的下风处的空旷地区，远离居民区和学校。当无法满足上述要求时，应采取必要的环保措施。

10.5.4 施工便道应采取洒水降尘措施。在便道与既有道路交道口处应设专人负责清扫和管理。

10.5.5 粉状材料运输、堆放和使用，应符合下列规定：

1 粉状材料运输应采取防止材料散落或扬尘污染措施。干粉状材料宜采用袋装或罐装方式运输。

2 粉煤灰、石灰等材料不应露天堆放。

3 采用粉状材料作为路基填料或对路基填料进行现场改良施工，应避免在大风天作业，并应采取有效措施防止粉尘污染。

10.5.6 不得焚烧生活和生产垃圾。在场地清理时，不得焚烧杂草和树木。

10.6 噪声和振动控制

10.6.1 路基施工机动车辆和机械设备，应加强维修和保养，保持技术性能稳定，防止环境噪声污染。

10.6.2 公路施工组织设计应对环境敏感点附近路段施工期间产生强噪声辐射的施工机械作业时间、施工方式等做出规定。施工场界声级应符合现行《建筑施工场界噪声限值》（GB 12523）的规定。

10.6.3 在居民聚集区或噪声敏感区，因特殊需要必须连续作业且在施工过程中场界环境噪声有可能超过排放标准的，应制定环境噪声污染防治措施。

条文说明

对噪声超过限值规定的，可采取调整作业时间、优化施工机械设备组合、改变施工方法、增加消声装置、布设临时性的噪声隔挡等噪声污染防治措施。

10.6.4 强振机械设备宜采取消声、隔音、安装减振衬垫等减振降噪技术措施。

10.6.5 在居民聚居区或其他振动敏感建筑物附近进行强夯、冲击压实施工作业时，应对可能造成危害的建筑物进行监控，并采取振动隔离措施。

10.6.6 爆破作业点距敏感建筑物近时，应采取控制爆破炸药用量和控制开挖进尺数量来减轻振动。

10.7 文物保护

10.7.1 在文物保护区周围进行施工时，应制定相应的保护措施，严禁损毁文物古迹。

10.7.2 施工中发现文物时，应暂停施工，保护好现场，并立即报告当地文物管理部门研究处理，不得隐瞒不报或私自处置。

11 路基整修与验收

11.1 路基整修

11.1.1 路基工程完工交接验收前，应对外观质量进行整修，对局部缺陷进行处理。

条文说明

路基整修包括自检后的整修和交接验收后的整修。整修的目的是使路基工程达到设计文件和本规范规定的技术标准和质量标准。

11.1.2 路基表层的整修，应根据质量缺陷的具体情况采用合理的方案与工艺。补填的土层压实厚度应不小于100mm，压实后表面应平整，不得松散、起皮。整修后的坡面应顺适、美观、牢固，坡度应满足设计要求。

11.1.3 防护与支挡工程应检查泄水孔是否有遗漏和是否通畅，结构物是否有变形位移等，如有质量缺陷应进行处理。

11.1.4 排水系统的沟、槽表面应整齐，沟底应平整，排水应畅通不渗漏。如有质量缺陷，应进行处理。

11.1.5 应对临时工程和设施进行合理处置，使之与自然环境协调。

11.2 路基交接验收

11.2.1 分项工程、分部工程、单位工程完成后，应按有关规定进行中间交接检查验收。

11.2.2 路基交接验收前应恢复施工段内的导线点、水准点，以及验收中要求和可能需要的其他标志桩。

11.2.3 路基交接验收前应按本规范及现行《公路工程质量检验评定标准　第一册

土建工程》（JTG F80/1）的要求进行自检。自检合格后，编制符合要求的交接资料，申请进行交接验收。

11.3 路基竣（交）工验收

11.3.1 路基竣（交）工验收应按交通运输部有关规定和现行《公路工程质量检验评定标准　第一册　土建工程》（JTG F80/1）的有关规定执行。

11.3.2 设计文件和本规范要求进行监测的项目，应按要求进行跟踪监测。

本规范用词用语说明

1　本规范执行严格程度的用词，采用下列写法：

1）表示很严格，非这样做不可的用词，正面词采用“必须”，反面词采用“严禁”；

2）表示严格，在正常情况下均应这样做的用词，正面词采用“应”，反面词采用“不应”或“不得”；

3）表示允许稍有选择，在条件许可时首先应这样做的用词，正面词采用“宜”，反面词采用“不宜”；

4）表示有选择，在一定条件下可以这样做的用词，采用“可”。

2　引用标准的用语采用下列写法：

1）在标准总则中表述与相关标准的关系时，采用“除应符合本规范的规定外，尚应符合国家和行业现行有关标准的规定”。

2）在标准条文及其他规定中，当引用的标准为国家标准和行业标准时，表述为“应符合《××××××》（×××）的有关规定”。

3）当引用本标准中的其他规定时，表述为“应符合本规范第×章的有关规定”、“应符合本规范第×.×节的有关规定”、“应符合本规范第×.×.×条的有关规定”或“应按本规范第×.×.×条的有关规定执行”。